DISCURSO DO MÉTODO

DESCARTES

DISCURSO DO MÉTODO

Tradução de Paulo Neves
Introdução de Denis Lerrer Rosenfield

www.lpm.com.br

L&PM POCKET

Coleção **L&PM** POCKET, vol. 458

Texto de acordo com a nova ortografia.

Primeira edição na Coleção **L&PM** POCKET: agosto de 2005
Esta edição: novembro de 2024

Título do original: *Discours de la méthode*

Tradução: Paulo Neves
Introdução: Denis Lerrer Rosenfield
Revisão: Renato Deitos e Larissa Roso
Capa: Ivan Pinheiro Machado. *Ilustração*: *Retrato de René Descartes* (1649), Frans Hals, Museu do Louvre, Paris.

D455d

Descartes, René, 1596-1650.
    Discurso do método / René Descartes; tradução de Paulo Neves. – Porto Alegre: L&PM, 2024.
    128 p. ; 18 cm. – (Coleção L&PM POCKET; v. 458)
    ISBN 978-85-254-1097-9

    1.Filosofia-Cartesianismo. 2. Filosofia-Descartes. I.Título. II.Série.

CDU 141

Catalogação elaborada por Izabel A. Merlo, CRB 10/329.

Este livro foi publicado originalmente em 1637.
© da tradução, L&PM Editores, 2004

Todos os direitos desta edição reservados a L&PM Editores
Rua Comendador Coruja, 314, loja 9 – Floresta – 90.220-180
Porto Alegre – RS – Brasil / Fone: 51.3225.5777

PEDIDOS & DEPTO. COMERCIAL: vendas@lpm.com.br
FALE CONOSCO: info@lpm.com.br
www.lpm.com.br

Impresso no Brasil
Primavera de 2024

Vida e obra

Denis Lerrer Rosenfield[1]

René Descartes nasceu em La Haye, em 31 de março de 1596. Órfão com um ano de idade, de saúde frágil, passou a maior parte de sua infância em sua cidade natal. Com onze anos foi enviado para o colégio jesuíta de La Flèche, de onde saiu em 1615, para conhecer o mundo. Este colégio, na época, era reputado como um dos melhores colégios da França. Contudo, o espírito inquieto do jovem estudante o impulsionou para fora da academia. No seu entender, esta não ensinava propriamente a verdade das coisas, mas se contentava com a repetição dos ensinamentos dos antigos, principalmente de sua recepção no transcurso da Idade Média. É curioso que um dos pensadores que mais marca o pensamento ocidental tenha feito uma carreira à margem da universidade.

Foi com esse tipo de preocupação que esse jovem, ao terminar seus estudos nessa escola jesuíta, decidiu viajar pelo mundo, com o intuito de explorar outras terras e costumes, fazendo do "mundo" um objeto de leitura, como se fosse um livro, que requereria um novo tipo de análise. O mundo que então se descortinava era ainda um mundo "mágico",

---

1. Denis Lerrer Rosenfield é escritor e filósofo.

imprevisível, cheio de incertezas, capaz de atiçar a imaginação de um jovem pensador. Foi num daqueles recantos, no inverno, numa pausa de guerra, que nosso filósofo teve uma "iluminação", que o levou a escrever esta obra mestra do pensamento, que é *Discurso do método*.

O impulso para a viagem, para a aventura, nasce de uma profunda inquietação com o tipo de ensinamento, com as formas de filosofia e de ciência reinantes naquela época. Para ele, a filosofia e a ciência estavam esclerosadas, pois tinham como ponto de referência indubitável e verdadeiro a filosofia escolástica, de cunho tomista-aristotélico, como se não mais coubesse a pergunta pela verdade de algo, de uma proposição, mas tão somente uma disputa sobre a interpretação de "verdades" tidas por eternas. Resgatar o princípio mesmo da filosofia implicava um pensamento autônomo, livre de quaisquer amarras, e, sobretudo, livre de toda espécie de preconceito. Se cada um de nós almeja ter uma ideia verdadeira, devemos preliminarmente afastar esse tipo de pré-conhecimento, de pré-conceito, sedimentado no senso comum, impeditivo de que se possa pensar diferentemente. O senso comum de uma época, qualquer que seja, não é nem pode ser critério de verdade.

Aventura e filosofia

Engajou-se, seguindo um certo costume da época, nos exércitos de Maurício de Nassau. Descortinava-se, para ele, a possibilidade de lançar um outro olhar sobre o mundo, um olhar que procurava desprender-se daquela que tinha sido, até então, a sua experiência escolar. Isto era uma opção para a pequena nobreza que partia em busca da aventura e da novidade. Sem muitos recursos, tratava-se de uma escolha que estava ao seu alcance e se adequava perfeitamente à sua curiosidade, ao seu questionamento das coisas. Ele partiu para conhecer, no livro do mundo, o que os livros da escola não lhe tinham fornecido. Seu propósito central consistia em nada reconhecer como verdadeiro sem que, antes, tivesse passado previamente pela sua razão, pelo crivo de um procedimento metódico, baseado na dúvida e na hiperbolização dessa. Nenhuma ideia merece o qualificativo de verdadeira, se não for objeto de um questionamento radical que permita chegar a princípios, proposições primeiras, que sejam, de fato, indubitáveis.

Nas margens do Danúbio, em 1619, durante aqueles longos invernos em que não se combatia, Descartes recolheu-se à solidão de seu quarto, de sua estufa, preferindo manter-se à margem das algazarras de seus colegas de armas. Um traço psicológico seu, que o acompanhará durante toda a sua vida, consistia no apartar-se da vida social, pois, assim, podia dedicar-se à reflexão. Lá, num ato meditativo, ele recolhia-se aos seus pensamentos. O seu diagnóstico do conhecimento de seu tempo era que este tinha sido desordenadamente construído, sem um princípio condutor, como cidades que crescem aleatoriamente. O conhecimento e a ciência exigem trabalho, questionamentos sistemáticos e método. O dogmatismo é o pior companheiro da filosofia. Numa destas noites, ele teve três sonhos consecutivos, que lhe mostraram o caminho a seguir, o caminho de uma ciência universal, feita a partir de novos fundamentos. Um novo edifício seria necessário, construído a partir de sólidos alicerces, que só seriam alcançados pela elaboração de novos princípios, primeiras proposições indubitáveis. De posse deste novo *método*, os homens poderiam, doravante, seguir os passos seguros de uma sabedoria teórica e prática. A filosofia e a ciência, mas também a moral, apresentariam, assim, ideias e orientações seguras que balizariam o pensamento e a ação.

Tendo se desengajado do exército, Descartes procura um lugar para se estabelecer, estando decidido a seguir a via do conhecimento, ou seja, dedicar-se integralmente à filosofia. A sua escolha de vida estava feita. O livro do mundo tinha lhe aberto novos horizontes, cabia agora empreender a tarefa propriamente reflexiva, aquela que se realiza na interioridade da consciência, na razão voltada apenas para si mesma, sem entraves externos e internos, nem os oriundos dos sentidos, nem os que provêm dos preconceitos. De passagem por Paris, ele é convidado para uma reunião na casa do núncio apostólico. A filosofia, até então, se fazia em círculos restritos, os dos doutos, que compartilhavam uma mesma linguagem e preocupação. No término desta reunião, durante a discussão, ele impressiona vivamente os presentes pela sutileza dos seus argumentos e, sobretudo, pelas novas descobertas que crê estar fazendo. Não seguindo estritamente as regras da casa, ele questiona vivamente a apresentação que tinha sido feita, expondo as suas próprias ideias. Todos ficam, com ele, muito impressionados e o incentivam a seguir o caminho da filosofia e da ciência.

A agitação de Paris

Paris, no entanto, é, para ele, uma cidade muito agitada, não permitindo a um espírito como o dele viver em paz. A França era, então, o centro do mundo intelectual e político, sendo também uma potência econômica. A monarquia francesa era um exemplo para o mundo. A corte, no entanto, era para ele um empecilho, pois os hábitos dela não se adequavam aos seus. Descartes era um tipo de pessoa que pagava para não se incomodar. A tranquilidade era um valor que colocava acima de tudo. Parte, então, para a Holanda, onde passa a viver. Esse país tinha desenvolvido a tolerância política, de modo que ele acreditava estar a salvo de qualquer tipo de sobressalto. Cauteloso, ele não fixa, contudo, residência, pois muda de morada tão logo se torna conhecido. O excesso de burburinho lhe tirava a calma que estimava necessária para o seu trabalho. A tranquilidade e o anonimato eram a sua preocupação central.

De sua vida pessoal, sabe-se muito pouco. Até nisso, ele guardava discrição. Teve uma filha com sua governanta, Francine, que morreu aos cinco anos. Ele relata este episódio como o mais dramático de sua vida, do qual sempre se lembrará com dor. Depois, é como se a sua vida amorosa tivesse acabado. Não se tem, após, nenhuma outra notícia relevante concernente à sua vida, salvo aquelas que diziam respeito a seu itinerário filosófico e científico. Era tudo o que passou a contar para ele.

O seu espírito irrequieto preocupava-se com muitos campos de conhecimento: da filosofia propriamente dita à medicina, passando pela matemática, pela física, pela música, pela moral e pela teologia. Em todos esses campos do saber, a sua contribuição foi relevante, em alguns tendo ganhado grande destaque. Não esqueçamos que, na época, a filosofia era uma atividade que abarcava esses diferentes tipos de conhecimento. Começava-se da filosofia para chegar a outras áreas de conhecimento, pois a questão dos princípios, das condições do conhecimento, era sempre a questão primeira. A física e a medicina eram também denominadas filosofia natural. Essa denominação sobreviveu ainda dois séculos, embora, nesse período, as diferentes ciências caminhassem a passos largos rumo à independência e à construção de princípios próprios, particulares.

Obras

Em 1637, publica *Discurso do método*, obra inaugural da filosofia moderna, escrita em língua vulgar, isto é, o francês. Naquela época, as obras filosóficas eram escritas em latim e estavam voltadas para um público "douto", constituído do círculo exclusivo de iniciados às questões propriamente filosóficas. Descartes tinha, porém, um outro propósito, o de alcançar um amplo público, ou seja, todas as pessoas dotadas de "bom-senso" ou "razão", de tal maneira que os assuntos humanos em geral estivessem ao alcance de cada um. Na verdade, antes de Kant, ele propugnava por um uso público da razão.

E esse uso público da razão não admitia discriminações ou limitações de gênero. As mulheres, até então, não eram consideradas seres racionais no sentido completo do termo. Elas não eram interlocutoras do ponto de vista filosófico, da razão. Descartes tinha entre suas interlocutoras preferidas a princesa Elisabeth, da Alemanha, com a qual teve uma profícua correspondência filosófica. Ele a considerava um ser particularmente bem-dotado racionalmente, superior a seus companheiros doutos, imersos que estavam, no seu entender, em preconceitos. Uma pessoa sem preconceitos era ideal para um pensador que começava filosoficamente com um "discurso do método". O novo discurso vem acompanhado da afirmação da igualdade de gênero entre os sexos.

E como se tratava de um "discurso do método", a sua preocupação central residia no como conhecemos, no como podemos ter acesso a ideias verdadeiras, que fossem imunes ao erro, quando perseguidas segundo um procedimento metódico, sistemático. Ele se voltava contra todo pré-conhecimento, todo pré-conceito, pois a maneira mediante a qual pensamos nos induz frequentemente ao erro, à falsidade, à mera aceitação do senso comum, daquelas ideias que foram sedimentadas no nosso modo habitual de pensar. Descartes propugnava por um pensamento jovem, aberto à crítica e aos questionamentos, capaz de exercer uma dúvida cética e de resistir à mesma dúvida graças a uma razão aberta ao questionamento de seus próprios princípios. Ele lutava, portanto, por um mundo onde a fé não ordenasse as relações humanas, mas ficasse confinada a um lugar específico, ao do culto de cada um, não invadindo as esferas dos costumes, da política, da filosofia e da ciência em geral. Moderno, ele defendia a ideia de que a razão deveria permear todos os domínios da vida humana, numa atividade libertadora, pois voltada contra as mais diversas formas de dogmatismo.

Em 1641, aparece o livro *Meditações metafísicas*, outra grande obra de Descartes. Agora, ele escreve em latim, escolhendo como interlocutores a parte mais "letrada" da sociedade, aquela que se mostraria mais refratária às suas ideias. Para ser admitida nos meios escolares, universitários e religiosos, era fundamental que sua filosofia pudesse ser aceita nesse meio. Ademais, o desenvolvimento da ciência também dependia dessa aprovação. Neste livro, ele vai se defrontar com as grandes questões da *Filosofia primeira*, aplicando seu método ao conhecimento de Deus e à demonstração da imortalidade da alma, mediante a separação da existência desta como diferente da do corpo. Se o pensamento é uma propriedade essencial da alma, enquanto a extensão é do corpo, então um pode existir sem o outro. Sua demonstração é eminentemente lógica, procedendo passo a passo, de tal maneira que uma propriedade, o pensamento, é demonstrada como exclusiva da alma. Para ele, mente, espírito, alma e razão são palavras de mesma significação. Segue-se, então, um tipo de existência distinta daquela que se oriunda do corpo, uma forma de existência das ideias e dos pensamentos. O corpo, por sua vez, será conhecido pela extensão, sendo que essa propriedade não poderá ser aplicada à alma. Logo, segue-se um outro tipo de existência, o que conhecemos comumente como material.

Nesta obra, Descartes aprofunda as suas provas da existência de Deus, tornando o ser divino uma ideia que pode ser explorada racionalmente. E quando dizemos prova racional da existência de Deus, insistamos no termo racional, pois ela independe da fé que um indivíduo possa ou não ter. Basta que ele ponha a sua razão a funcionar para alcançar a mesma conclusão. Até um ateu pode, então, provar a existência de Deus. A contrapartida dessa formulação é que a razão começa a entrar no terreno exclusivo da teologia, em particular de uma teologia revelada ou dogmática. A razão já não admite limites, senão aqueles que ela mesma se dá. Essa disciplina chamar-se-á Teologia natural ou Filosofia primeira. Os objetos da religião, as crenças e os dogmas, e os princípios teológicos serão submetidos a uma avaliação racional. Nada mais será, doravante, considerado como sagrado. A razão não conhece mais limites e se aventura, inclusive, a conhecer a essência de Deus. A desmedida da razão constituirá doravante o cotidiano da filosofia, da ciência e de uma nova forma de sociedade.

Este livro apresenta um aspecto culturalmente muito curioso, pois a sua publicação foi acompanhada de Objeções e Respostas de espíritos tão eminentes como Caterus, Mersenne, Hobbes, Arnauld e Gassendi. A obra já veio enriquecida de um debate com interlocutores, que não escondiam sua simpatia ou antipatia para com essas ideias e seu autor. Um agostiniano como Arnauld a considera uma obra maior, pois conseguiu provar como nenhuma outra a existência de Deus, abrindo caminho para a conversão dos ateus e incrédulos. Um "materialista matemático" como Hobbes questiona profundamente os seus pressupostos, pois o verdadeiro início da filosofia consiste na análise que siga o método galilaico dos corpos físicos e de suas formas de movimento. Aliás, a antipatia mútua entre Descartes e Hobbes durará até a morte de ambos. Um considera o outro como sempre "errando" filosoficamente. De qualquer maneira, as

Objeções e Respostas possibilitaram uma discussão ampla e enriquecedora do texto cartesiano. Trata-se de um traço decisivo para a filosofia em geral a séria discussão, em função de argumentos, das posições de cada um, valendo o confronto das ideias.

Paixões da alma é outro dos seus livros. O seu objeto são as paixões, os sentimentos, aquilo que o homem sente e pensa na sua condição de estar no mundo. Aqui, fala-se do homem propriamente dito, onde se conjugam as duas formas de existência, a da alma e a do corpo. O homem em situação, com seus sentimentos e sensações, é objeto desse texto, onde vemos atuantes conceitos que estimaríamos como morais. Estando a alma indissociavelmente unida ao corpo, não sendo ela como um "piloto alojado em seu navio", coloca-se a questão de como deve agir o homem virtuoso respondendo às paixões de seu corpo.

Descartes publica ainda *Princípios de filosofia*, onde expõe toda a sua filosofia, visando torná-la um manual a ser utilizado nos colégios jesuítas. Aqui, temos um outro Descartes, preocupado com o seu sucesso no mundo, tendo escrito um manual com propósito escolar. A elaboração de manuais, diríamos hoje livros didáticos, tem uma preocupação voltada para a divulgação e apresentação de ideias, e não para sua pesquisa propriamente dita. O manual apresenta a filosofia sistematizada e acessível para um grande público. Ademais, tendo feito esse "compêndio", nosso filósofo se mostra particularmente atento às repercussões de seu pensamento, aos seus efeitos junto às mentes jovens e, sobretudo, aos seus colegas. Na verdade, ele pensa que, com esse livro, os manuais aristotélico-tomistas seriam substituídos. A sua filosofia se mostraria, então, como a verdadeira filosofia. Qual não foi a sua decepção quando os seus antigos amigos jesuítas reagiram desfavoravelmente às suas intenções.

O fim

O seu renome é grande. A filosofia cartesiana impõe-se como a nova filosofia, inaugurando o pensamento moderno. Aquilo que consideramos o "racionalismo" encontra neste filósofo uma de suas grandes expressões. Em que pese o seu desejo de solidão, ele é muito requisitado. Hesitando em aceitar um convite, o da rainha Cristina da Suécia, ele termina por embarcar para este país. O seu pensamento é particularmente admirado por essa rainha. Apesar da honra que lhe era concedida, a viagem foi várias vezes postergada e quase anulada. Ao embarcar, nosso filósofo não deixou de sentir um certo desconforto. Os rigores do inverno sueco, com efeito, não lhe fizeram bem. A rainha tinha, ademais, o estranho hábito de recebê-lo de madrugada para suas tertúlias filosóficas. Numa dessas reuniões, Descartes contrai uma pneumonia que lhe será fatal. O seu organismo foi ainda mais debilitado por ter sofrido uma sangria, então um método médico muito utilizado. Seja dito de passagem que ele não acreditava neste tipo de procedimento, porém terminou anuindo a ele, apressando, dessa maneira, o fim de seus dias. Ele morre em Estocolmo, em 1650.

Depois de sua morte, a sua correspondência começou a ser publicada por seus amigos e admiradores. Nela, ele falava mais livremente sobre grandes questões filosóficas e teológicas, sem a preocupação com a censura e a Igreja. Suas posições teológicas não foram, porém, do agrado geral, pois a razão entrava, mais profundamente, na análise de dogmas religiosos como o da eucaristia e o da criação do mundo segundo a Bíblia. Sua intenção não deixava de ser ousada, pois ele procurava compatibilizar a sua teoria da criação do mundo com a da Bíblia. O desagrado nos setores da hierarquia católica foi grande. Aqueles que o apoiam já haviam morrido e a sua discrição tinha sido posta de lado. No ano de 1663, uma parte de seus livros entra no *Index* da Igreja, sendo proibida. A razão alegada foram os seus exercícios metafísicos em assuntos religiosos e teológicos.

Argumentos filosóficos

O bom-senso ou a razão

Descartes considerava o bom-senso ou a razão a coisa do mundo melhor compartilhada, de tal maneira que a capacidade de discriminar o verdadeiro do falso torna todos os homens, independentemente de sexo, cor ou religião, iguais. A razão é formalmente igual em todos, o que os distingue é a sua aplicação, pois essa deriva dos costumes, da religião, dos conhecimentos adquiridos, daquilo que ganhou o estatuto de verdade, embora não o seja. A razão iguala, as opiniões diferenciam os homens. O problema consiste, porém, em que essas opiniões podem impossibilitar a ciência, a filosofia e o próprio convívio regrado e pacífico entre os homens. O espetáculo do mundo nos oferece frequentemente cenas de violência e intolerância, nascidas de preconceitos que querem se impor pela força, na ausência de questionamentos e, sobretudo, do exercício da razão.

Eis por que Descartes procura estabelecer um método que possa ser seguido por todo e qualquer homem, independentemente de época, opinião, crença, costumes ou sexo. Um método que poderia ser utilizado por qualquer indivíduo sempre e quando estivesse disposto a fazer uso da sua razão e abandonar meras opiniões que não teriam nenhum fundamento sólido de sustentação. Um método que permitiria que o edifício do conhecimento se construísse sobre bases sólidas, que não poderiam ser demolidas por opiniões impertinentes. Um método voltado, então, para a busca da verdade e não da verossimilhança. E quando dizemos busca da verdade, referimo-nos a um livre exercício da razão, que pode ser publicamente reproduzido por qualquer um, de tal modo que desse exame público, coletivo, possa surgir um conhecimento indubitável. O encontro com a verdade não tem nada de dogmático, ele significa somente um encontro da razão consigo mesma num procedimento livre e metódico.

Descartes expõe a sua experiência de vida como uma experiência filosófica, que possa ser imitada por qualquer um no livre uso de sua faculdade de discriminar o verdadeiro do falso. Trata-se, portanto, de um uso público da razão, que tem como ponto de partida o reconhecimento de que a ignorância impera naquilo que se considera como conhecimento, isto é, na ciência e na filosofia, com todas as suas repercussões do ponto de vista da ação humana. Ao se instruir, nosso jovem filósofo teve de descartar todas as verdades recebidas, pois essas, sob exame, se mostravam meras crenças sem fundamentos. No entanto, somente uma época que aceita como princípio a liberdade de julgar pode dar início a uma nova retomada do pensamento: ela vai começar com um "discurso do método".

A reforma do pensamento

Homem prudente, Descartes sabia que não se poderia aplicar esse procedimento a uma revolução abrupta dos costumes e das relações sociais e políticas. O questionamento não implica uma subversão completa das realidades sociais, pois isso precipitaria um processo de lutas políticas de desfecho imprevisível. Em lugar da razão, ter-se-ia apenas o império da violência. Não teríamos um acordo metódico, consensual, mas a força invadindo todos os espaços de vida. O questionamento deveria proceder por etapas, de tal maneira que as conquistas fossem graduais, ocorrendo, primeiro, no nível das ideias, para, progressivamente, ganharem os outros campos da vida, onde, assim, costumes seriam mudados, sociedades desenvolvidas e Estados aprimorados. A prudência política tem, assim, como contraparte uma desconfiança em relação a todas as crenças e opiniões comumente aceitas.

A sua prudência alcança o que poderíamos mesmo chamar de nível existencial, pois Descartes afirma que seu propósito consiste em apresentar uma experiência individual que poderia, se verdadeira, ser adotada por outros. Se bem-sucedida nesse nível individual, ela poderia ser considerada um caminho seguro de conhecimento, que tornaria viável o progresso de toda uma coletividade, de toda a humanidade. Uma humanidade avança se empreende a reforma do pensamento, e essa começa por indivíduos que procuram retomar as próprias bases do conhecimento em geral. Indivíduos intrépidos que são os grandes homens da história, os que elevaram o gênero humano a um outro patamar. Nada mais avesso ao espírito cartesiano do que seguir modas que desviem a razão dos seus verdadeiros objetivos.

Regras do método

Como etapas desse reto caminho, Descartes propõe quatro regras do método, que, de tão simples, podem ser seguidas e adotadas por qualquer pessoa que tenha a firme convicção de avançar nas vias do conhecimento verdadeiro, despojada de preconceitos e aberta ao livre exame, ao questionamento mais aberto. A primeira regra estipula não aceitar nada como verdadeiro sem antes ter passado pelo crivo da razão. Isto se traduz por uma atitude que evite "a precipitação e a prevenção", ou seja, que o pensamento não seja tomado por paixões ou se deixe guiar por preconceitos, o que implica uma ordem a ser seguida em todo o processo de conhecimento, e essa deve ser imune ao que nos é dado como verossímil pelo senso comum. Segundo, tudo o que aparece como complexo deve ser dividido em tantas partes simples quanto possíveis, pois a razão, ao focar um problema perfeitamente delimitado, tem mais condições de resolvê-lo do que se encarar algo composto de várias maneiras. A simplificação do ponto de vista do pensamento se afirma como uma regra lógica. Terceiro, uma vez feito esse processo de simplificação, ele deve seguir um ordenamento, de modo que a remontagem para o composto ou complexo possa ser feita sem desvios, que prejudicariam a verdade almejada. Trata-se aqui do estabelecimento de uma ordem lógica, necessária entre esses elementos simples, e não de uma mera sucessão temporal. A busca da verdade pressupõe o descobrimento de nexos necessários e naquele momento ocultos entre as coisas e as proposições. Quarto, como esse procedimento pode ser retomado e repetido por qualquer um, ele deve dar lugar a tantas revisões quanto necessárias, de modo que as contribuições e objeções de todos possam ser levadas em consideração, pois ela é a condição mesma de estabelecimento da verdade. Pense-se mais especificamente nos processos de verificação das verdades científicas.

A moral provisória

Enquanto os pensamentos estão em ebulição, a vida continua. Ela não espera um pensamento claro e distinto para que as coisas ocorram. Essas seguem um movimento próprio, que independe do conhecimento de cada um e, frequentemente, os ultrapassa. A vida tem necessidades urgentes que se situam acima do discernimento imediato de cada um. Eis por que se torna necessária uma moral provisória, que permita a quem se dedica à filosofia viver segundo o mais provável e o mais verossímil, enquanto o pensamento segue o seu próprio percurso, independentemente das vicissitudes do mundo. Uma bússola provisória deve estar ao alcance de cada um, para que, viajantes que somos nesse mundo, possamos enfrentar as suas intempéries. Com tal propósito, Descartes apresenta algumas regras de uma moral provisória.

1. A primeira estipula seguir as regras existentes em cada país, de modo que os costumes e as leis sejam observados. Não se trata evidentemente de uma obediência cega, mas decorrente das necessidades de uma razão que avalia detidamente, ordenadamente, a validade de cada uma delas. Mas como a diversidade de condutas é muito grande e os homens se engalfinham em lutas sem-fim sobre os vícios e as virtudes (o que é vício para um é considerado virtude para outro e vice-versa), uma razão prudente recomenda que se evite os excessos e se siga uma espécie de termo médio, capaz de orientar as ações de uma forma adequada. Enquanto o exame corre solto no nível do pensamento, o homem moral, dotado provisoriamente desse conjunto de regras, deve seguir o exemplo dos homens mais sensatos, que não agem imprudentemente e cujas ações são reconhecidas como boas por seus conterrâneos. *Mutatis mutandis* é como seguir aqueles homens cujas ações são honestas, não corruptas; aqueles que mostram efetivamente o que fazem e não enganam com discursos demagógicos. A única condição, e dessa não é admitido arredar pé, consiste em que a liberdade não possa ser suprimida, pois ela é a condição mesma da busca da verdade.

2. A segunda postula que devemos ser resolutos e firmes em nossas ações, pois por maior incerteza que tenhamos devemos agir de modo que cheguemos a algum lugar, mesmo que reconheçamos, depois, que chegamos a um lugar errado. Pessoas que hesitam

constantemente não chegam a lugar nenhum, como se andassem em círculos. Uma decisão uma vez tomada deve ser assumida com firmeza tal como uma hipótese científica que deve ser verificada. Se ela for demonstrada falsa, pelo menos saberemos com certeza que esse caminho não deverá ser novamente trilhado. Ganho sempre haverá, no caso, o reconhecimento do erro. Seguir ideias prováveis faz parte das próprias necessidades da vida.

3. A terceira pressupõe que as mudanças sejam feitas na consciência de cada um, para que o exercício da razão se torne uma maneira habitual de pensar, sem preconceitos. O mundo, pelo menos por enquanto, deve permanecer tal como é, pois uma transformação abrupta não estaria seguindo nenhum preceito da razão. Cada homem, já no ato de seu nascimento, está desde sempre inserido no mundo, num contexto de costumes e regras. Impõe-se, como uma necessidade, o controle dos desejos e das paixões, pois todo descontrole termina repercutindo sobre aquele que desta forma age. Devemos aqui pensar no princípio da realidade de Freud, quando o cálculo dos prazeres deve se adequar ao que é possível, evitando a dor e efetuando sublimações. O contentamento individual pressupõe que a razão calcule dentre os seus desejos aqueles que serão objeto de satisfação, segundo o mundo tal como se apresenta. Toda escolha se faz dentre possíveis. Uma escolha que saísse desses parâmetros seria insensata, como, por exemplo, a de viver, hoje, em Marte. Talvez,

no futuro, ela seja uma escolha possível. Ela depende, primeiro, do progresso do pensamento.

4. Por último, a moral implica, principalmente, uma escolha de vida. Descartes escolheu como sua dedicar-se à filosofia, à procura da verdade, ordenando todas as suas ações conforme esse fim. Enquanto fecho de sua moral provisória, ele opta por um fim não provisório, a saber, o contentamento advindo de um bem maior, o da verdade enquanto fruto de uma razão questionadora, metódica e aberta. A verdadeira felicidade, o bem supremo, consiste, principalmente, na conquista da verdade, o que pressupõe, existencialmente, a escolha de determinadas condições que possibilitem que esse fim seja alcançado. E dentre essas condições, o exercício da liberdade é absolutamente essencial, pois, sem ele, o pensamento seria refém de ideias atrasadas. E a filosofia implica, para nosso filósofo, uma opção pela vida contemplativa, aquela que o dispôs a ser "mais espectador do que ator" nas comédias do mundo.

Penso, logo existo

A metafísica é o conhecimento das coisas que se encontram acima da *physis*, acima do mundo físico, as coisas inteligíveis. Dentre essas, situamos os primeiros princípios do conhecimento, as ideias, o ser perfeito e infinito e, por que não, a liberdade. Entre os objetos que a metafísica do século 17 colocava como seu domínio de estudo estavam Deus e a imortalidade da alma. Mas, para que a filosofia pudesse alçar-se com certeza ao conhecimento desses objetos, era necessário que ela estivesse em possessão de princípios de validade universal. Era necessário que ela efetuasse um novo começo, onde tudo passasse preliminarmente pelo exame da razão, por uma avaliação metódica, livre de entraves dogmáticos, tendo a si mesma como único ponto de referência.

É neste contexto que Descartes vai elaborar a célebre proposição "Penso, logo existo". Ela é o resultado de todo um trabalho de questionamento radical das coisas passíveis de serem conhecidas. Dentre elas, aquelas que se originam no conhecimento sensível ou em atos da imaginação. Nas primeiras, temos a experiência de que o conhecimento oriundo das sensações frequentemente nos engana, de modo que ele não pode ser uma orientação segura. Nas segundas, muitas vezes criamos objetos quiméricos, que não possuem nenhuma correspondência real. Também ocorre que conhecimentos tidos por verdadeiros acontecem em sonhos, sem que haja, contudo, nenhum que seja verdadeiro. Assim, Descartes optou por considerar que todo conhecimento seria falso, por não serem seus fundamentos estabelecidos com clareza e distinção. Sobrou-lhe deste ato de generalização da dúvida apenas uma certeza, a de que o sujeito que duvida radicalmente não pode duvidar do ato de duvidar. E como o ato de duvidar é um ato de pensamento, ele extraiu a conclusão de que a proposição "Penso, logo existo" era verdadeira, constituindo um novo começo, o verdadeiro ponto de partida da filosofia.

A razão se encontra consigo neste ato puro de pensamento, livre de qualquer condicionante físico, sensível ou imaginativo. Uma realidade "imaterial" se torna acessível intelectualmente, dando lugar a que outros objetos possam ser agora passíveis de conhecimento. Ou seja, o atributo essencial da razão ou da alma é o ato mesmo de pensar, o que Descartes denomina de substância da alma, que não depende de qualquer coisa material. Eis por que ele dirá, inclusive, que o conhecimento da alma é mais fácil do que o conhecimento do corpo, pois, na metafísica, a razão se depara apenas consigo mesma, sem intermediários ou mediações. O pensar se vê atribuído a uma nova forma de existência, a existência das ideias, a existência das coisas inteligíveis.

Deus

Uma vez que a razão está de posse desse novo princípio, ela passa a examinar as ideias que encontra nela e, dentre essas, destaca-se a ideia de perfeição. Quando dizemos algo como imperfeito, estamos na verdade aplicando a ideia da perfeição sob a forma de falta de alguma coisa, de uma propriedade, que, em sua completude, nos daria a ideia de um ser perfeito em seu domínio próprio. Ao demonstrar que a ideia de perfeição não se origina nos sentidos, mas na razão, não sendo o resultado de uma construção imaginária,

Descartes abre o caminho para uma prova racional da existência de Deus. Perguntando-se sobre a origem dessa ideia, Descartes se depara com o problema de que ela não pode originar-se do nada, pois do nada nada provém; nenhum ser, muito menos o perfeito pode ser dele originário. Da mesma maneira, um ser imperfeito não pode ser a causa da criação de um ser perfeito, pois o menos não pode ser a causa do mais. A ideia de perfeição é uma ideia com a qual nascemos, ela é uma ideia inata. Resta, portanto, a opção de que a ideia de perfeição, não tendo sua origem no nada nem numa criatura por definição imperfeita, tenha sido posta na razão por um ser perfeito. Só um ser sumamente perfeito pode ser causa de si mesmo; quanto às criaturas – seres imperfeitos –, essas não podem se atribuir a existência. Ou seja, uma vez que a razão descobre que a ideia de perfeição não se origina da criatura, torna-se necessário que ela tenha uma origem e essa origem está num ser que é sua causa. E esse ser não pode, por definição, ser inexistente, pois isto seria equivalente a considerar que um ser perfeito fosse inexistente, o que inviabilizaria a própria ideia de perfeição, pois um ser perfeito inexistente seria contraditório.

Homem-máquina

Estando de posse de princípios seguros e indubitáveis, fruto desse exercício da razão, e tendo, inclusive, conseguido provar racionalmente a existência de

Deus, Descartes pode partir tranquilo para o conhecimento do mundo físico, em particular o do corpo humano: a física dos corpos humanos. Neste âmbito do conhecimento vigora a experiência, que nos mostra como as coisas se apresentam a uma razão que segue o método, que segue preceitos indubitáveis que nos dão acesso ao conhecimento propriamente científico. Uma vez demonstrada a imortalidade da alma, pois a sua existência, inteligível, é distinta da existência sensível, o corpo humano aparece como sendo do mesmo tipo do corpo dos animais, funcionando de uma forma mecânica como se fosse uma máquina. Descartes, junto com o médico inglês Harvey, está na origem da anatomia, em particular do descobrimento do modo de funcionamento da circulação sanguínea. Um outro livro do mundo é a experiência com os corpos humanos. Descartes fazia, inclusive, dissecação de animais, pois não havia outra forma de ter acesso a esse tipo de conhecimento. Nessa esfera do mundo físico, o corpo humano, criado por Deus, demonstra o seu grau próprio de perfeição, se apresentando, na experiência, sob uma forma mecânica. Se pensarmos, hoje, nos transplantes de coração, poderemos melhor refletir sobre a filosofia cartesiana, pois, sendo o corpo uma máquina, o coração, uma espécie de bomba hidráulica, pode ser substituído por uma outra bomba hidráulica, por outro coração. No futuro, já se pode prever a substituição do coração por uma bomba hidráulica propriamente dita, uma máquina.

O bem-estar

A filosofia tem um fim prático, o de propiciar o bem-estar de todos os homens, bem-estar físico em relação ao corpo, bem-estar material em relação aos ganhos oriundos da aplicação da ciência e da tecnologia. A saúde é considerada normalmente como um dos bens mais prezados pelos homens, assim como as comodidades da vida, que possibilitam uma existência mais fácil e prazerosa. O conhecimento visa ao bem coletivo, de modo que possamos nos tornar "mestres e possuidores da natureza". Pense-se aqui nos primórdios do mundo moderno, em que o homem se defrontava com forças que não conseguia dominar, forças que o amedrontavam e impediam que confortos básicos da vida fossem produzidos e usufruídos.

A ciência não é, entretanto, o resultado de esforços apenas individuais. Estes são certamente importantes, quando consideramos o estabelecimento filosófico de princípios do conhecimento certos e indubitáveis, que possibilitam que a atividade científica trilhe caminhos seguros. Essa, porém, é principalmente um empreendimento coletivo, baseado na divisão do trabalho. Descartes defende vigorosamente a divisão do trabalho como princípio do progresso das sociedades, pois muitos, pesquisando coletivamente e seguindo os mesmos princípios, podem produzir resultados muito melhores e mais abrangentes dos que aqueles que seriam conseguidos por um indivíduo isolado. Quanto maior for o número de experiências, maiores tenderão a ser os seus frutos. Na medida em que há um avanço no conhecimento da natureza, tendo como procedimento essa divisão do trabalho intelectual, o bem coletivo, o bem público, se torna acessível a um número cada vez maior de seres humanos, fazendo com que a vida de todos se torne muito melhor. O bem dos homens, eis o alvo da filosofia.

Bibliografia recomendada em português

Geneviève Rodis-Lewis. *Descartes*. Uma biografia. Rio de Janeiro: Record, 1996.

Raul Landim filho. *Evidência e verdade no sistema cartesiano*. São Paulo: Edições Loyola, 1992.

Pierre Guenancia. *Descartes*. Jorge Zahar Editores.

Denis Lerrer Rosenfield. *Descartes e as peripécias da razão*. São Paulo: Iluminuras, 1996.

Discurso do método

Para bem conduzir a razão e buscar a verdade nas ciências

Se este discurso parecer longo demais para ser lido de uma só vez, poder-se-á dividi-lo em seis partes. Na primeira se encontrarão diversas considerações relativas às ciências. Na segunda, as principais regras do método que o autor buscou. Na terceira, algumas das regras da moral que tirou desse método. Na quarta, as razões pelas quais prova a existência de Deus e da alma humana, que são os fundamentos de sua metafísica. Na quinta, a ordem das questões de física que buscou, e particularmente a explicação do movimento do coração e de algumas outras dificuldades concernentes à medicina, e também a diferença que existe entre nossa alma e a dos animais. Na última, algumas coisas que ele julga necessárias para ir mais adiante do que foi na pesquisa da natureza, e que razões o levaram a escrever.

Primeira parte

O bom-senso é a coisa do mundo melhor partilhada: pois cada um pensa estar tão bem provido dele, que mesmo os mais difíceis de contentar em qualquer outra coisa não costumam desejar tê-lo mais do que o têm. Não é verossímil que todos se enganem nesse ponto: antes, isso mostra que a capacidade de bem-julgar, e distinguir o verdadeiro do falso, que é propriamente o que se chama o bom-senso ou a razão, é naturalmente igual em todos os homens; e, assim, que a diversidade de nossas opiniões não se deve a uns serem mais racionais que os outros, mas apenas a que conduzimos nossos pensamentos por vias diversas e não consideramos as mesmas coisas. Pois não basta ter o espírito bom, o principal é aplicá-lo bem. As maiores almas são capazes dos maiores vícios, assim como das maiores virtudes; e os que andam muito lentamente podem avançar muito mais se seguirem sempre o caminho reto, ao contrário dos que correm e dele se afastam.

Quanto a mim, nunca presumi que meu espírito fosse em nada mais perfeito que os do comum; inclusive desejei seguidamente ter o pensamento tão rápido, ou a imaginação tão nítida e distinta, ou a memória tão ampla, ou tão presente, como de alguns outros. E não sei de outras qualidades que sirvam à perfeição do espírito a não ser essas: pois, quanto à razão, ou ao senso, na medida em que é a única coisa que nos faz homens e nos distingue dos animais, quero crer que ela está por inteiro em cada um; e nisso sigo a opinião comum dos filósofos que dizem que há mais e menos apenas entre os *acidentes*[1], e não entre as *formas*, ou naturezas, dos *indivíduos* de uma mesma *espécie*.

Mas não receio dizer que penso ter tido muita sorte de ter-me encontrado desde a juventude em certos caminhos, que me conduziram a considerações e máximas com as quais formei um método que penso ser um meio de aumentar gradualmente meu conhecimento, e de elevá-lo aos poucos ao mais alto ponto que a mediocridade de meu espírito e a curta duração de minha vida permitam atingir. Pois dele já recolhi tantos frutos que, muito embora nos julgamentos que faço de mim mesmo eu tenha sempre para o lado da desconfiança e não o da presunção, e muito embora, examinando com um olhar de filósofo as diversas ações e os empreendimentos dos homens, não haja quase nenhum que não me pareça vão e inútil, não deixo de sentir uma extrema satisfação com o progresso que penso já ter feito na busca da verdade e de conceber esperanças quanto ao futuro; pois, se entre as ocupações dos homens, puramente homens, há alguma que seja solidamente boa e importante, ouso crer que é a que escolhi.

Todavia pode ocorrer que eu me engane, e talvez não passe de um pouco de cobre e de vidro o que tomo

---

1. Os *acidentes* são qualidades capazes de afetar ou não um indivíduo, e que se pode ter em maior ou menor quantidade. (N.T.)

por ouro e diamantes. Sei o quanto estamos sujeitos a nos equivocar naquilo que nos toca, e também o quanto devemos suspeitar dos julgamentos de nossos amigos quando são a nosso favor. Mas gostaria muito de mostrar neste discurso que caminhos segui, e de representar minha vida como num quadro a fim de que cada um possa julgá-la; e, recolhendo as opiniões emitidas sobre ela, que este fosse um novo meio de me instruir, acrescentado àqueles que costumo utilizar.

Assim meu propósito não é ensinar aqui o método que cada um deve seguir para bem-conduzir sua razão, mas apenas mostrar de que maneira procurei conduzir a minha. Os que se metem a dar preceitos devem se julgar mais hábeis que aqueles a quem os dão; e, se falham na menor coisa, merecem ser criticados. Mas, ao propor este escrito apenas como uma história, ou, se quiserem, como uma fábula na qual, entre alguns exemplos possíveis de imitar, talvez se encontrarão vários outros que se terá razão de não seguir, espero que ele será útil a alguns sem ser prejudicial a ninguém, e que todos ficarão satisfeitos com minha franqueza.

Fui nutrido nas letras desde a minha infância, e, convencido de que por meio delas podia adquirir um conhecimento claro e seguro de tudo o que é útil à vida, eu tinha um desejo extremo de aprendê-las. Mas assim que concluí todo esse curso de estudos, ao cabo do qual é costume ser admitido na classe dos doutos, mudei inteiramente de opinião. Pois me vi embaraçado em tantas dúvidas e erros que me pareceu não ter tirado outro proveito, ao tratar de instruir-me, senão descobrir cada vez mais minha ignorância. No entanto eu estava numa das mais célebres escolas da Europa, onde pensava deviam existir homens sábios, se os houvesse em algum lugar da Terra. Eu havia aprendido tudo o que os outros lá aprendiam; inclusive, não me contentando com as ciências que nos ensinavam, havia percorrido todos os livros que tratavam daquelas consideradas mais curiosas e mais raras e que puderam cair entre minhas mãos. Além disso, eu sabia os julgamentos que os outros faziam de mim, e não via que me julgassem inferior a meus colegas, embora entre eles já houvesse alguns destinados a ocupar os lugares de nossos mestres. E, enfim, nosso século me parecia tão florescente e tão fértil em bons espíritos quanto qualquer um dos precedentes. O que me fazia tomar a liberdade de julgar por mim todos os outros, e de pensar que não havia nenhuma doutrina no mundo que fosse tal como antes me haviam feito esperar.

Contudo eu não deixava de estimar os exercícios praticados nas escolas. Sabia que as línguas que nelas se aprendem são necessárias para a compreensão dos livros antigos; que a graça das fábulas desperta o espírito; que as ações memoráveis das histórias o estimulam, e que, lidas com discernimento, elas ajudam a formar o julgamento; que a leitura de todos os bons livros é como uma conversação com os melhores homens dos séculos passados, que foram seus autores, e até mesmo uma conversação estudada, na qual eles nos revelam apenas os melhores de seus pensamentos; que a eloquência tem forças e belezas incomparáveis; que a poesia tem delicadezas e doçuras muito encantadoras; que as matemáticas têm invenções sutilíssimas e que muito podem servir tanto para contentar os curiosos quanto para facilitar todas as artes[2] e diminuir o trabalho dos homens; que os escritos que tratam dos costumes contêm vários ensinamentos e várias exortações à virtude que são muito úteis; que a teologia ensina a conquistar o céu; que a filosofia oferece um meio de falar com verossimilhança de todas as coisas, e de fazer-se admirar pelos menos eruditos; que a jurisprudência, a medicina e as outras ciências trazem honras e riquezas aos que as cultivam; e, enfim, que é bom tê-las examinado a todas, mesmo as mais supersticiosas e falsas, a fim de conhecer seu justo valor e não ser por elas enganado.

Mas eu acreditava já ter dedicado tempo bastante às línguas, e também à leitura dos livros antigos, e a suas histórias, e a suas fábulas. Pois é quase o mesmo conversar com os dos outros séculos quanto viajar. É bom saber algo dos costumes de diversos povos, a fim de julgar os nossos mais corretamente, e não pensar que tudo que se opõe aos nossos modos é ridículo e contrário à razão, como costumam fazer os que nada viram. Mas, quando se emprega tempo

---

2. *Arte* deve ser entendida no sentido geral de técnica. (N.T.)

demais em viajar, acaba-se por virar estrangeiro no próprio país; e, quando se é muito curioso por coisas que se praticavam nos séculos passados, fica-se geralmente muito ignorante das que se praticam neste. Além disso, as fábulas fazem imaginar como possíveis acontecimentos que não o são; e mesmo as histórias mais fiéis, se não alteram nem aumentam o valor das coisas para torná-las mais dignas de serem lidas, pelo menos omitem quase sempre as mais baixas e menos ilustres circunstâncias; do que resulta que o resto não se mostra tal como é, e os que regulam seus costumes pelos exemplos tirados dessas fábulas estão sujeitos a cair nas extravagâncias dos paladinos de nossos romances, e a conceber projetos que vão além de suas forças.

Eu estimava muito a eloquência e era apaixonado pela poesia; mas achava que ambas eram dons do espírito, mais do que frutos do estudo. Os que têm o raciocínio mais forte e digerem melhor seus pensamentos, a fim de torná-los claros e inteligíveis, podem sempre persuadir melhor o que propõem, ainda que falem baixo bretão e nunca tenham estudado retórica. E os que fazem as invenções mais agradáveis, e sabem exprimi-las com mais ornamento e doçura, não deixariam de ser os melhores poetas, ainda que a arte poética lhes fosse desconhecida.

Eu me comprazia sobretudo com as matemáticas, por causa da certeza e da evidência de suas razões; mas não notava ainda seu verdadeiro uso, e, pensando que serviam somente às artes mecânicas, surpreendia-me de que sobre seus fundamentos, sendo tão firmes e sólidos, nada de mais elevado tivesse sido construído. Ao contrário, eu comparava os escritos dos antigos pagãos que tratam dos costumes a palácios muito soberbos e magníficos, edificados apenas sobre a areia e sobre a lama. Eles elevam muito alto as virtudes, e as fazem parecer estimáveis acima de todas as coisas que há no mundo; mas não ensinam suficientemente a conhecê-las, e com frequência o que chamam com tão belo nome é tão somente uma insensibilidade, ou um orgulho, ou um desespero, ou um parricídio.

Eu reverenciava nossa teologia, e pretendia, como outro qualquer, ganhar o céu; mas, tendo aprendido como coisa muito segura que seu caminho não está menos aberto aos mais ignorantes que aos mais doutos, e que as verdades reveladas, que conduzem a ele, estão acima de nossa inteligência, eu não ousaria submetê-las à fraqueza de meus raciocínios, e pensava que, para empreender examiná-las e ser bem-sucedido, era preciso contar com uma assistência extraordinária do céu, e ser mais do que um homem.

Nada direi da filosofia, a não ser que, vendo que fora cultivada pelos mais excelentes espíritos que viveram desde muitos séculos, e que não obstante não há nela coisa alguma sobre a qual não se dispute, e portanto que não seja duvidosa, eu não tinha a menor presunção de esperar ser mais bem-sucedido que os outros; e, considerando o quanto podem ser diversas as opiniões de homens doutos relativas a uma mesma matéria, sem que jamais possa haver mais de uma só que seja verdadeira, eu reputava quase como falso tudo o que era apenas verossímil.

Quanto às outras ciências, na medida em que tomam seus princípios da filosofia, eu julgava que nada podia ser edificado, que fosse sólido, sobre fundamentos tão pouco firmes. E nem a honra nem o ganho que elas prometem eram suficientes para convidar-me a aprendê-las; pois não me sentia, graças a Deus, numa condição que me obrigasse a fazer da ciência um ofício, para o alívio de minha fortuna; e, embora não professasse desprezar a glória como um cínico, eu fazia muito pouca questão daquela que só esperava poder adquirir com falsos títulos. Enfim, com relação às más doutrinas, eu pensava já conhecer suficientemente o que valiam para não mais sujeitar-me a ser enganado, nem pelas promessas de um alquimista, nem pelas imposturas de um mágico, nem pelos artifícios ou a presunção de qualquer um dos que fazem profissão de saber mais do que sabem.

Por isso, tão logo a idade me permitiu sair da sujeição de meus preceptores, abandonei inteiramente o estudo das letras. E, decidindo não buscar mais outra ciência senão a que se poderia achar em mim mesmo, ou então no grande livro do mundo, empreguei o resto de minha juventude em viajar, em ver cortes e exércitos, em frequentar pessoas de diversos humores e condições, em recolher diversas experiências, em provar-me a mim mesmo nos encontros que a fortuna me propunha, e em toda parte refletir sobre as coisas que se apresentassem de tal modo a tirar delas algum proveito. Pois parecia-me que eu poderia encontrar muito mais verdade nos raciocínios que cada um faz sobre os assuntos que lhe importam, e cujo resultado, se julgou mal, irá puni-lo em seguida, do que naqueles feitos pelo homem de letras em seu gabinete, sobre especulações que não produzem qualquer efeito e não têm outra consequência, a não ser, talvez, que lhe proporcionarão tanto mais vaidade quanto mais afastadas estiverem do senso comum, pelo tanto de espírito e de artifício que precisou empregar para torná-las verossímeis. E sempre tive um extremo desejo de aprender a distinguir o verdadeiro do falso, para ver com clareza minhas ações e andar com segurança nesta vida.

É verdade que, enquanto apenas considerava os costumes dos outros homens, eu pouco encontrava com que me assegurar, observando entre eles quase tanta diversidade quanto havia notado antes entre as opiniões dos filósofos. De modo que o maior proveito que eu retirava era aprender, vendo várias coisas que, embora nos pareçam extravagantes e ridículas, não deixam de ser comumente aceitas e aprovadas por outros grandes povos, a não crer muito firmemente naquilo que me fora persuadido apenas pelo exemplo e o costume, e assim a livrar-me aos poucos de muitos erros que podem ofuscar nossa luz natural e nos tornar menos capazes de ouvir a razão. Mas, depois de dedicar alguns anos a estudar desse modo no livro do mundo e a procurar adquirir alguma experiência, tomei um dia a resolução de estudar também em mim mesmo, e de empregar todas as forças do meu espírito em escolher os caminhos que devia seguir. O que foi muito melhor, parece-me, do que se eu jamais tivesse me afastado de meu país e de meus livros.

Segunda parte

Eu estava então na Alemanha, onde a ocorrência de guerras que ainda não terminaram me chamara; e, quando voltava da coroação do Imperador[3] para o exército, o começo do inverno me deteve num quartel onde, não encontrando conversas que me divertissem, e também não tendo, por felicidade, nem preocupações nem paixões que me perturbassem, eu ficava o dia inteiro encerrado num quarto aquecido, onde tinha o tempo todo livre para me entreter com meus pensamentos. Entre os quais, um dos primeiros foi que me lembrei de considerar que geralmente não há tanta perfeição nas obras compostas de várias peças, e feitas pela mão de diversos mestres, quanto naquelas em que um só trabalhou. Assim vemos que os prédios que um único arquiteto projetou e realizou costumam ser mais belos e melhor ordenados do que aqueles que vários procuraram reformar, utilizando velhas paredes construídas para outros fins. Assim os núcleos das cidades, que, tendo sido no começo apenas aldeolas, tornaram-se com o passar do tempo grandes centros, são geralmente mal-compassados, em comparação com as praças regulares que um engenheiro traça a seu capricho numa planície, ainda que, considerando seus prédios isoladamente, neles se observe tanta ou mais arte do que nos das outras; contudo, vendo-se o modo como estão dispostos,

---

3. O imperador germânico Fernando II (1578-1637). (N.T.)

aqui um grande, ali um pequeno, e como tornam as ruas curvas e desiguais, dir-se-ia que foi antes o acaso e não a vontade de alguns homens dotados de razão que assim os dispôs. E, se for considerado que em todo tempo houve funcionários encarregados de fiscalizar as construções dos particulares para fazê-las servir ao ornamento público, compreender-se-á que é difícil, trabalhando apenas a partir das obras de outrem, fazer coisas bem-acabadas. Assim imaginei que povos outrora semisselvagens e só aos poucos civilizados, que fizeram suas leis somente à medida que o incômodo dos crimes e das disputas os obrigou a isso, não poderiam ser tão bem-policiados quanto aqueles que, desde o momento em que se reuniram, observaram as constituições de algum prudente legislador. Do mesmo modo é certo que o Estado da verdadeira religião, cujas ordenações foram feitas apenas por Deus, deve ser incomparavelmente melhor regulado que todos os outros. E, para falar das coisas humanas, creio que, se Esparta foi outrora muito florescente, não é por causa da bondade de cada uma de suas leis em particular, visto que várias eram bastante estranhas e mesmo contrárias aos bons costumes, mas sim porque, tendo sido inventadas por um só, elas tendiam todas ao mesmo fim. E assim pensei que as ciências dos livros, ao menos aquelas cujas razões são apenas prováveis e que não possuem quaisquer demonstrações, tendo se formado e crescido aos poucos com as opiniões de muitas diversas pessoas, não se acham tão próximas da verdade quanto os simples raciocínios que um homem de bom-senso pode fazer naturalmente com as coisas que se apresentam. E assim pensei também, considerando que fomos todos crianças antes de sermos adultos, e que por muito tempo tivemos de ser governados por nossos apetites e nossos preceptores, geralmente contrários uns aos outros, e que talvez nem sempre uns e outros nos aconselhavam o melhor, que é quase impossível que nossos julgamentos sejam tão puros e tão sólidos quanto teriam sido se tivéssemos o uso completo de nossa razão desde o nascimento, e se jamais tivéssemos sido conduzidos senão por ela.

É verdade que não vemos em parte alguma serem lançadas por terra todas as casas de uma cidade, pelo único propósito de refazê-las de outro modo e tornar assim as ruas mais belas; mas sabe-se que muitos fazem abater as suas para reconstruí-las, e que às vezes até são obrigados a isso, quando elas correm perigo de cair por si mesmas e suas fundações não estão bem firmes. Com esse exemplo me convenci de que não seria plausível um particular ter o propósito de reformar um Estado, mudando tudo desde os fundamentos e derrubando-o para corrigi-lo; como também não o seria reformar o corpo das ciências, ou a ordem estabelecida nas escolas para ensiná-las; mas que o melhor a fazer, em relação a todas as opiniões que eu acolhera até então, era empreender de uma vez por todas retirar-lhes a confiança, a fim de substituí-las depois ou por outras melhores, ou pelas mesmas, quando as tivesse ajustado ao nível da razão. E acreditei firmemente que por esse meio conseguiria conduzir minha vida muito melhor do que se a edificasse apenas sobre velhos fundamentos, apoiando-me em princípios que eu me deixara infundir na juventude, sem nunca ter examinado se eram verdadeiros. Pois, embora eu observasse nisso diversas dificuldades, elas não eram de modo algum irremediáveis, nem comparáveis às que se verificam na reforma das menores coisas relacionadas ao público. Esses grandes corpos são muito difíceis de reerguer quando abatidos, ou de sustentar quando abalados, e suas quedas só podem ser muito rudes. Quanto a suas imperfeições, se as têm, e a simples diversidade entre eles basta para assegurar que há várias, o uso certamente as suavizou muito, e mesmo evitou e corrigiu imperceptivelmente uma quantidade delas, às quais não se poderia remediar tão bem por prudência. E, enfim, elas são quase sempre mais suportáveis do que seria sua mudança. Como os grandes caminhos que dão voltas entre montanhas e vão aos poucos se tornando planos e cômodos de tanto serem frequentados, é muito melhor segui-los do que empreender um rumo mais direto, escalando rochedos e descendo até o fundo dos precipícios.

Por isso eu não poderia de modo algum aprovar esses temperamentos perturbadores e inquietos que, não sendo chamados, nem por seu nascimento nem por sua fortuna, ao manejo dos assuntos públicos, não deixam de introduzir-lhes sempre, em ideia, alguma nova reforma. E, se eu pensasse haver neste escrito a menor coisa pela qual pudessem suspeitar-me tal loucura, ficaria muito aborrecido de aceitar que ele fosse publicado. Meu propósito nunca foi além de procurar reformar meus próprios pensamentos e construir num terreno que é todo meu. Se minha obra me agradou bastante e vos mostro aqui o modelo, nem por isso quero aconselhar que a imitem. Aqueles a quem Deus concedeu suas melhores graças terão talvez propósitos mais elevados, mas receio que este já seja bastante ousado para muitos. A simples decisão de desfazer-se de todas as opiniões anteriormente aceitas não é um exemplo que cada um deva seguir; e o mundo se compõe quase só de dois tipos de espíritos, aos quais não convém de modo algum. A saber: aqueles que, acreditando-se mais hábeis do que são, não podem impedir-se de julgar precipitadamente, nem possuem bastante paciência para conduzir por ordem seus pensamentos: daí que, se tivessem uma vez tomado a liberdade de duvidar dos princípios que receberam, e de afastar-se do caminho comum, nunca poderiam permanecer no atalho que é preciso seguir para ir mais direto, e ficariam extraviados a vida inteira. Depois, aqueles que, tendo bastante razão, ou modéstia, para julgar que são menos capazes de distinguir o verdadeiro do falso do que outros pelos quais podem ser instruídos, devem assim contentar-se em seguir as opiniões desses outros, em vez de buscar por si próprios outras melhores.

E, quanto a mim, certamente estaria entre estes últimos se tivesse tido um único mestre, ou se não tivesse sabido as diferenças que em todos os tempos existiram entre as opiniões dos mais doutos. Mas tendo aprendido, já no colégio, que nada se poderia imaginar de tão estranho e tão pouco acreditável que não tivesse sido dito por algum dos filósofos, e depois, viajando, tendo reconhecido que os que têm sentimentos muito contrários aos nossos nem por isso são bárbaros nem selvagens, mas que muitos usam, tanto ou mais do que nós, a razão; e tendo considerado o quanto um mesmo homem, com seu mesmo espírito, criado desde a infância entre franceses ou alemães, torna-se diferente do que seria se tivesse vivido sempre entre chineses ou canibais, e de que maneira, até nas modas de nossas roupas, a mesma coisa que nos agradou dez anos atrás, e que nos agradará talvez daqui a dez anos, nos parece agora extravagante e ridícula: de modo que é bem mais o costume e o exemplo que nos persuadem do que qualquer conhecimento certo, e que no entanto a pluralidade das vozes não é uma prova que valha para as verdades um pouco difíceis de descobrir, porque é bem mais provável que um homem sozinho as encontre do que um povo inteiro; considerando tudo isso, eu não podia escolher ninguém cujas opiniões me parecessem dever ser preferidas às dos outros, e me vi como que forçado a empreender eu mesmo conduzir-me.

Mas, como um homem que anda sozinho e nas trevas, resolvi ir muito lentamente e usar o máximo de circunspecção em tudo, pois, ainda que só avançasse muito pouco, evitaria ao menos cair. Inclusive não quis começar por rejeitar inteiramente nenhuma das opiniões que outrora puderam se introduzir em minha crença, sem antes dedicar bastante tempo ao projeto da obra que eu empreendia e à busca do verdadeiro método para chegar ao conhecimento de todas as coisas de que meu espírito fosse capaz.

Quando mais jovem, eu havia estudado um pouco, entre as partes da filosofia, a lógica, e, entre as matemáticas, a análise dos geômetras e a álgebra, três artes ou ciências que pareciam dever contribuir com algo a meu propósito. Mas, ao examiná-las, observei, em relação à lógica, que seus silogismos e a maior parte de suas instruções servem antes para explicar a outrem as coisas que se sabe, ou mesmo, como a arte de Lúlio[4], para falar sem julgamento das que se ignora, do que para aprendê-las. E muito embora ela contenha, de fato, muitos preceitos verdadeiros e bons, há no meio deles tantos outros misturados, que são ou prejudiciais ou supérfluos, que é quase tão difícil separá-los quanto tirar uma Diana ou uma Minerva de um bloco de mármore ainda não esboçado. Depois, em relação à análise dos antigos e à álgebra dos modernos, além de se aplicarem apenas a matérias muito abstratas, e que não parecem de utilidade alguma, a primeira permanece tão apegada à consideração das figuras que é incapaz de exercitar o entendimento sem fatigar

---

[4]. Raimundo Lúlio (1235-1315), alquimista espanhol, autor escolástico de uma *Ars Magna*. (N.T.)

muito a imaginação, enquanto a segunda foi de tal modo submetida a certas regras e a certas cifras que se fez dela uma arte confusa e obscura, que embaraça o espírito, em vez de uma ciência que o cultiva. O que me fez pensar que era preciso buscar um outro método que, contendo as vantagens desses três, fosse isento de seus defeitos. E, assim como a multidão das leis fornece muitas vezes escusas aos vícios, de modo que um Estado é melhor governado quando, tendo poucas, elas são estritamente observadas, assim também acreditei que, em vez do grande número de preceitos de que a lógica se compõe, seriam suficientes os quatro seguintes, contanto eu tomasse a firme e constante resolução de não deixar uma única vez de observá-los.

O primeiro era não aceitar jamais alguma coisa como verdadeira que eu não conhecesse evidentemente como tal: isto é, evitar cuidadosamente a precipitação e a prevenção, e nada incluir em meus julgamentos senão o que se apresentasse de maneira tão clara e distinta a meu espírito que eu não tivesse nenhuma ocasião de colocá-lo em dúvida[5].

O segundo, dividir cada uma das dificuldades que eu examinasse em tantas parcelas possíveis e que fossem necessárias para melhor resolvê-las.

---

5. Os critérios de clareza e distinção não são definidos aqui por Descartes. Mais tarde, em *Principia Philosophia* (1644), ele dirá que "a visão forte ou clara se produz quando a coisa é vista numa grande luz; ela é fraca ou obscura quando a coisa é vista numa luz tênue, tal como no eclipse do sol ou ao luar". (N.T.)

O terceiro, conduzir por ordem meus pensamentos, começando pelos objetos mais simples e mais fáceis de conhecer, para subir aos poucos, como por degraus, até o conhecimento dos mais compostos, e supondo mesmo uma ordem entre os que não se precedem naturalmente uns aos outros.

E o último, fazer em toda parte enumerações tão completas, e revisões tão gerais, que eu tivesse a certeza de nada omitir.

Os longos encadeamentos de razões, todas simples e fáceis, que os geômetras costumam utilizar para chegar a suas mais difíceis demonstrações, me haviam feito imaginar que todas as coisas passíveis de serem conhecidas pelos homens se seguem umas às outras do mesmo modo, e contanto que nos abstenhamos de aceitar alguma como verdadeira que não o seja, e que mantenhamos sempre a ordem necessária para deduzi-las umas das outras, não pode haver nenhuma tão afastada à qual enfim não se chegue, nem tão oculta que não se descubra. E não foi muito difícil buscar por quais era preciso começar, pois eu já sabia que era pelas mais simples e mais fáceis de conhecer; e considerando que, entre todos os que até agora buscaram a verdade nas ciências, apenas os matemáticos puderam encontrar algumas demonstrações, isto é, algumas razões certas e evidentes, não duvidei de que não fosse pelas mesmas que eles examinaram; disso eu não esperava nenhuma outra utilidade a não ser que elas acostumariam meu espírito a se alimentar de verdades e a não se contentar com falsas razões. Mas nem por isso tive o intuito de procurar aprender todas essas ciências particulares, chamadas comumente matemáticas; e vendo que todas elas, embora seus objetos sejam diferentes, não deixam de se conciliar, por considerarem apenas as diversas relações ou proporções que neles se encontram, pensei que seria melhor examinar apenas essas proporções em geral, supondo-as tão somente nos assuntos que servissem para facilitar-me seu conhecimento, mas também sem restringi-las a tais assuntos, a fim de poder depois aplicá-las melhor a todos os outros a que conviessem. Depois, notando que para conhecê-las eu precisaria às vezes considerar cada uma em particular, e outras vezes reter ou compreender várias delas em conjunto, pensei que, para considerá-las melhor em particular, as devia supor em linhas, pois não encontrava nada de mais simples ou que pudesse mais distintamente representar à minha imaginação e aos meus sentidos; mas que, para retê-las, ou compreender várias delas em conjunto, eu devia explicá-las por algumas cifras, as mais curtas possíveis, e que por esse meio eu tomaria o melhor da análise geométrica e da álgebra, corrigindo todos os defeitos de uma pela outra.

E como, de fato, a observância exata desses poucos preceitos escolhidos me deu uma tal facilidade para deslindar todas as questões que essas duas ciências abrangem, ouso dizer que nos dois ou três meses que dediquei a examiná-las, tendo começado pelas mais simples e mais gerais, e cada verdade que eu encontrava sendo uma regra que me servia para encontrar outras, não apenas cheguei a várias que eu antes julgara muito difíceis, mas me pareceu também, no final, que eu podia determinar, mesmo nas que ignorava, por quais meios e até onde era possível resolvê-las. Talvez aqui não vos parecerei ser tão vaidoso se considerardes que, havendo apenas uma verdade de cada coisa, todo aquele que a encontra sabe tanto dela quanto se pode saber; e que, por exemplo, uma criança instruída em aritmética, tendo feito uma adição conforme as regras, pode estar certa de ter encontrado, no tocante à soma que examinava, tudo o que o espírito humano poderia encontrar. Pois, enfim, o método que ensina a seguir a verdadeira ordem, e a enumerar exatamente todas as circunstâncias do que se busca, contém tudo o que dá certeza às regras da aritmética.

Mas o que mais me contentava nesse método é que por ele eu tinha certeza de usar em tudo minha razão, se não perfeitamente, ao menos da melhor maneira possível: além disso eu sentia, praticando-o, que meu espírito se acostumava aos poucos a conceber mais claramente e mais distintamente seus objetos, e me prometia, não o tendo submetido a nenhuma matéria particular, aplicá-lo de maneira igualmente útil às dificuldades das outras ciências, como fizera com as da álgebra. Não que assim eu ousasse querer examinar primeiro todas as que se apresentassem, o que teria sido contrário à ordem que ele prescreve. Mas, cuidando que seus princípios deviam ser todos tomados da filosofia, na qual eu ainda não encontrava nenhum que fosse certo, pensei que era preciso, antes de tudo, tratar de estabelecê-los nela; e que, sendo isso a coisa mais importante do mundo e onde maior era o perigo da precipitação e da prevenção, eu não devia de modo algum tentar esse empreendimento antes de atingir uma idade mais madura que a dos 23 anos que eu tinha então, e antes de me haver preparado por muito tempo para isso, tanto arrancando de meu espírito todas as más opiniões recebidas até aquele momento quanto acumulando várias experiências que posteriormente serviriam de matéria a meus raciocínios, e exercitando-me sempre no método que me prescrevera, a fim de nele me firmar cada vez mais.

Terceira parte

E, enfim, assim como não basta, antes de começar a reconstruir a casa onde se mora, derrubá-la e providenciar materiais e arquitetos, ou praticarmos nós mesmos a arquitetura, como também não basta ter traçado cuidadosamente a planta, sendo necessário arranjar uma outra onde se possa ficar comodamente alojado durante o tempo em que nela se trabalha, assim também, para que eu não permanecesse irresoluto em minhas ações enquanto a razão me obrigasse a sê-lo em meus julgamentos, e para que não deixasse de viver desde então da maneira mais feliz que pudesse, formei para mim mesmo uma moral provisória, que consistia em apenas três ou quatro máximas que faço questão de vos expor.

A primeira era obedecer às leis e aos costumes de meu país, retendo constantemente a religião na qual Deus me deu a graça de ser instruído desde minha infância, e governando-me em todo o resto conforme as opiniões mais moderadas e afastadas do excesso, que fossem comumente aceitas na prática pelos mais sensatos daqueles com os quais teria de viver. Pois, começando então a contar como nada minhas próprias opiniões, pois queria submetê-las todas ao exame, certifiquei-me de que o melhor era seguir as dos mais sensatos. E, embora talvez haja entre os persas e os chineses homens tão sensatos quanto entre nós, pareceu-me que o mais útil era regular-me segundo aqueles com quem eu teria de viver; e que, para saber quais eram verdadeiramente suas opiniões, eu devia prestar atenção mais ao que praticavam que ao que diziam; não apenas porque, na corrupção de nossos costumes, há poucas pessoas que queiram dizer tudo que acreditam, mas também porque várias o ignoram; pois, a ação do pensamento pela qual se acredita uma coisa sendo diferente daquela pela qual se sabe que se acredita, com frequência uma se apresenta sem a outra. E, entre várias opiniões igualmente aceitas, eu escolhia apenas as mais moderadas; isso porque são sempre as mais cômodas para a prática, e provavelmente as melhores, todo excesso costumando ser ruim, e também porque me desviaria menos do verdadeiro caminho, caso eu falhasse, do que se tivesse escolhido um dos extremos, quando o outro é que deveria ter sido seguido. E eu punha entre os excessos, particularmente, todas as promessas pelas quais se suprime algo da própria liberdade. Não que eu desaprovasse as leis que, para remediar a inconstância dos espíritos fracos, permitem, quando se tem um bom propósito ou mesmo, para a segurança do comércio, um propósito que é apenas indiferente, fazerem-se votos ou contratos que obrigam a perseverar neles; mas porque eu não via no mundo nada que permanecesse sempre no mesmo estado, e porque, no meu caso particular, prometia-me aperfeiçoar cada vez mais meus julgamentos, e não torná-los piores, eu teria pensado cometer uma grande falta contra o bom-senso se, pelo fato de aprovar então alguma coisa, me obrigasse a tomá-la como boa também depois, quando ela talvez tivesse deixado de sê-lo ou quando eu tivesse deixado de considerá-la como tal.

Minha segunda máxima era ser o mais firme e o mais resoluto em minhas ações quanto pudesse, e não seguir menos constantemente as opiniões mais duvidosas, uma vez que a elas me tivesse determinado, como se fossem muito seguras. Imitando nisto os viajantes que, estando perdidos numa floresta, não devem vagar voltando-se ora para um lado, ora para outro, e muito menos deter-se num lugar, mas andar sempre o mais reto que puderem numa mesma direção, sem alterá-la por pequenas razões, mesmo que no começo tenha sido talvez só o acaso que os levou a escolhê-la: pois, dessa maneira, se não chegam justamente onde desejam, pelo menos acabarão chegando a alguma parte, onde provavelmente estarão melhor do que no meio de uma floresta. E assim, como as ações da vida geralmente não toleram nenhuma demora, é uma verdade muito certa que, quando não está em nosso poder discernir as mais verdadeiras opiniões, devemos seguir as mais prováveis; e, ainda que não observemos mais probabilidade numas do que nas outras, devemos mesmo assim nos decidir por algumas, e considerá-las a seguir não mais como duvidosas, na medida em que se relacionam à prática, mas como muito verdadeiras e muito certas, porque a razão que nos fez decidir por elas se apresenta como tal. E isto permitiu desde então livrar-me de todos os arrependimentos e remorsos que costumam agitar as consciências dos espíritos fracos e vacilantes, que se deixam levar inconstantemente a praticar, como boas, coisas que depois eles julgam serem más.

Minha terceira máxima era procurar sempre vencer antes a mim mesmo do que a fortuna, e mudar meus desejos do que a ordem do mundo; e, de maneira geral, acostumar-me a crer que nada está inteiramente em nosso poder a não ser nossos pensamentos, de modo que, tendo feito o melhor no tocante às coisas que nos são exteriores, tudo o que não podemos conseguir é, para nós, absolutamente impossível. E só isso me parecia ser suficiente para eu não desejar, no futuro, algo que não pudesse adquirir, e assim ficar contente. Pois, como nossa vontade tende naturalmente a desejar somente as coisas que nosso entendimento lhe mostra de certo modo como possíveis, é certo que, se considerarmos todos os bens que estão fora de nós como igualmente afastados de nosso poder, não lamentaremos mais a falta daqueles que parecem ser devidos a nosso nascimento, quando deles formos privados sem nossa culpa, assim como não lamentamos não possuir os reinos da China ou do México; e fazendo, como se diz, da necessidade virtude, não desejaremos tampouco estar saudáveis estando doentes, ou livres estando na prisão, assim como não desejamos ter corpos de uma matéria tão pouco corruptível como os diamantes, ou asas para voar como os pássaros. Mas confesso que é necessário um longo exercício, e uma meditação várias vezes reiterada, para acostumar-se a considerar as coisas desse modo; e creio que é principalmente nisso que consistia o segredo daqueles filósofos que, no passado, puderam se subtrair ao domínio da fortuna e, não obstante as dores e a pobreza, disputar a bem-aventurança com seus deuses. Pois, ao se ocuparem incessantemente em considerar os limites que lhes eram prescritos pela natureza, eles se convenciam perfeitamente de que nada estava em seu poder a não ser seus pensamentos, só isso sendo suficiente para impedi-los de ter uma paixão por outras coisas; e dispunham deles tão absolutamente que tinham alguma razão de se julgarem mais ricos, mais poderosos, mais livres e mais felizes do que quaisquer outros homens, os quais, não tendo essa filosofia, e por mais favorecidos que sejam pela natureza e a fortuna, nunca dispõem de tudo o que querem.

Enfim, como conclusão dessa moral, resolvi passar em revista as diversas ocupações que os homens têm nesta vida, a fim de escolher a melhor, e, sem querer dizer nada das dos outros, achei que o melhor seria continuar naquela em que me encontrava, isto é, empregar toda a minha vida em cultivar a razão e avançar tanto quanto pudesse no conhecimento da verdade, segundo o método que me prescrevi. Eu havia sentido contentamentos tão grandes desde que começara a servir-me desse método que acreditava não poder sentir outros mais doces, nem mais inocentes, nesta vida; e, descobrindo diariamente por meio dele algumas verdades, que me pareciam bastante importantes e comumente ignoradas dos outros homens, a satisfação que eu sentia preenchia de tal modo meu espírito que nada mais me importava. Além disso, as três máximas precedentes fundavam-se apenas no propósito que eu tinha de continuar a me instruir: pois, tendo Deus dado a cada um alguma luz para discernir o verdadeiro do falso, eu não acreditaria dever contentar-me com as opiniões de outrem um só momento, se não tivesse me proposto empregar meu próprio juízo em examiná-las quando fosse o momento; e não saberia isentar-me de escrúpulos, ao segui-las, se não tivesse esperado não perder nenhuma ocasião de encontrar outras melhores, caso as houvesse. Enfim, não teria sabido limitar meus desejos, e ficar contente, se não tivesse seguido um caminho pelo qual, pensando estar certo da aquisição de todos os conhecimentos de que fosse capaz, eu também pensava estar certo da de todos os verdadeiros bens que acaso estivessem em meu poder; ainda mais que, como nossa vontade tende a seguir ou a evitar alguma coisa apenas conforme o entendimento lhe mostre ser boa ou má, é suficiente julgar bem para proceder bem, e julgar o melhor possível para proceder da melhor maneira, isto é, para adquirir todas as virtudes e todos os outros bens que podem ser adquiridos; e quando se tem certeza de que é assim, não se pode deixar de ficar contente.

Depois de ter-me assegurado dessas máximas, e de tê-las colocado à parte, com as verdades da fé, que foram sempre as primeiras em minha crença, julguei que em relação ao resto de minhas opiniões podia livremente desfazer-me delas. E, como eu esperava cumprir melhor essa tarefa conversando com os homens do que permanecendo por mais tempo encerrado no quarto aquecido onde tivera todos esses pensamentos, retomei viagem, nem bem o inverno havia terminado. E nos nove anos seguintes não fiz outra coisa senão percorrer o mundo de lá para cá, procurando ser mais espectador do que ator nas comédias que nele se representam; e, refletindo particularmente, em cada matéria, sobre o que a pudesse tornar suspeita e nos levar a um engano, erradiquei de meu espírito todos os erros que nele haviam se introduzido anteriormente. Não que nisso eu imitasse os céticos, que apenas duvidam por duvidar e fingem estar sempre irresolutos: ao contrário, todo o meu propósito tendia apenas a certificar-me, e a retirar a terra movediça e a areia para encontrar a rocha ou a argila. O que eu fazia bastante bem, parece-me, na medida em que, procurando descobrir a falsidade ou a incerteza das proposições que examinava, não por frágeis conjeturas mas por raciocínios claros e seguros, eu não encontrava nenhuma tão duvidosa da qual não tirasse sempre alguma conclusão bastante certa, ainda que fosse apenas a de que ela não continha nada de certo. E assim como, ao demolir uma velha casa, reservam-se geralmente os escombros para servir à construção de uma nova, assim também, ao destruir aquelas de minhas opiniões que julgava malfundadas, eu fazia diversas observações e adquiria várias experiências que me serviram depois para estabelecer outras mais certas. Ademais, eu continuava a exercitar-me no método que me prescrevera: pois, além de procurar conduzir todos os meus pensamentos segundo suas regras, reservava-me, de tempo em tempo, algumas horas para empregá-lo particularmente em dificuldades da matemática, ou também em algumas outras que eu podia tornar quase semelhantes às da matemática, separando-as dos princípios das outras ciências que eu não considerava bastante firmes, como vereis que fiz com várias que são explicadas neste volume[6]. E assim, vivendo aparentemente como aqueles que, não tendo outro projeto senão viver uma vida doce e inocente, procuram separar os prazeres dos vícios, e que, para desfrutar seu tempo livre sem se aborrecer, praticam todos os divertimentos que sejam honestos, eu não cansava de levar adiante meu propósito e de me beneficiar do conhecimento da verdade, talvez mais do que conseguiria lendo livros ou frequentando homens de letras.

---

6. Ele se refere provavelmente a problemas tratados em *Os meteoros* (explicação dos ventos, das nuvens, do arco-íris) e em *Dióptrica* (refração da luz), publicados inicialmente junto com o *Discurso*. (N.T.)

Todavia esses nove anos transcorreram antes que eu tivesse tomado qualquer partido, quanto às dificuldades que costumam ser disputadas entre os doutos, nem começado a buscar os fundamentos de uma filosofia mais certa que a vulgar. E o exemplo de vários excelentes espíritos que, tendo tido anteriormente o mesmo propósito, não me pareciam tê-lo realizado, me fazia imaginar tantas dificuldades, que não teria talvez ousado empreendê-lo tão cedo se não visse que alguns já faziam correr o boato de que eu o realizara. Eu não saberia dizer em que eles baseavam essa opinião; e, se meus discursos contribuíram em algo para isso, deve ter sido por confessarem mais ingenuamente o que eu ignorava do que costumam fazer os que estudaram um pouco, e talvez também por mostrar as razões que eu tinha para duvidar de muitas coisas que os outros consideram certas, e não por vangloriar-me de alguma doutrina. Mas, estimando-me o bastante para não querer que me tomassem por alguém que eu não era, achei necessário procurar, por todos os meios, ser digno da reputação que me davam; e há oito anos, justamente, esse desejo fez que eu decidisse afastar-me de todos os lugares onde pudesse ter conhecidos, e retirar-me aqui[7], num país onde a longa duração da guerra levou a estabelecer uma tal ordem que os exércitos ali mantidos parecem servir apenas para que se desfrute a paz com maior segurança; e onde, em meio à multidão de um povo muito

---

7. Na Holanda. (N.T.)

ativo e mais cuidadoso com seus próprios negócios do que interessado nos de outrem, sem privar-se de nenhuma das comodidades que existem nas cidades mais frequentadas, pude viver tão solitário e retirado como nos desertos mais distantes.

Quarta parte

Não sei se devo falar das primeiras meditações que aí realizei, pois elas são tão metafísicas e tão pouco comuns que talvez não serão do gosto de todo o mundo. Contudo, a fim de que se possa julgar se os fundamentos que admiti são bastante firmes, vejo-me de certo modo obrigado a falar delas. Há muito eu havia observado que, em relação aos costumes, é necessário às vezes seguir opiniões que sabemos serem muito incertas como se fossem indubitáveis, conforme foi dito acima; mas, como eu desejava então ocupar-me apenas da busca da verdade, pensei que era preciso fazer o contrário, e rejeitar como absolutamente falso tudo aquilo em que pudesse imaginar a menor dúvida, a fim de ver se restaria, depois disso, alguma coisa em minha crença que fosse inteiramente indubitável. Assim, visto que nossos sentidos nos enganam às vezes, eu quis supor que não havia coisa alguma que fosse tal como nos fazem imaginar. E, como há homens que se equivocam ao raciocinar, mesmo sobre as mais simples matérias de geometria, e cometem paralogismos[8], e por julgar que eu estava sujeito a errar como qualquer outro, rejeitei como falsas todas as razões que antes havia tomado como demonstrações. Enfim, considerando que os mesmos pensamentos que temos quando acordados também podem nos ocorrer quando dormimos sem que então haja nenhum que

---
8. Um paralogismo é um raciocínio falso. (N.T.)

seja verdadeiro, resolvi fingir que todas as coisas que alguma vez me haviam entrado no espírito não eram mais verdadeiras que as ilusões de meus sonhos. Mas logo notei que, quando quis assim pensar que tudo era falso, era preciso necessariamente que eu, que o pensava, fosse alguma coisa. E, observando que esta verdade, *penso, logo existo*, era tão firme e tão segura que as mais extravagantes suposições dos céticos eram incapazes de a abalar, julguei que podia admiti-la sem escrúpulo como o primeiro princípio da filosofia que eu buscava.

Depois, examinando com atenção o que eu era, e, vendo que eu podia fingir que não tinha corpo algum e que não havia mundo algum ou lugar onde estivesse, mas nem por isso podia fingir que eu não existia; e que, ao contrário, do fato mesmo de pensar em duvidar da verdade das outras coisas seguia-se muito evidentemente e certamente que eu existia; ao passo que, se tivesse parado de pensar, ainda que o resto do que imaginara fosse verdadeiro, eu não teria razão de crer que tivesse existido; compreendi assim que eu era uma substância cuja essência ou natureza consistem apenas em pensar, e que, para ser, não tem necessidade de nenhum lugar nem depende de coisa material alguma. De modo que esse eu, isto é, a alma pela qual sou o que sou, é inteiramente distinta do corpo, sendo inclusive mais fácil de conhecer do que ele, e, ainda que ele não existisse, ela não deixaria de ser tudo o que é.

Depois disso, considerei em geral o que é necessário a uma proposição para ser verdadeira e certa; pois, tendo acabado de encontrar uma que eu sabia ser tal, pensei que eu devia também saber em que consiste essa certeza. E, tendo observado que nisto, *penso, logo existo*, não há absolutamente nada que me assegure que digo a verdade, a não ser que vejo muito claramente que, para pensar, é preciso ser, julguei que podia tomar como regra geral que as coisas que concebemos de maneira muito clara e distinta são todas verdadeiras; há apenas alguma dificuldade em observar bem quais são aquelas que concebemos distintamente.

A seguir, refletindo sobre o que eu duvidava, e que portanto meu ser não era todo perfeito, pois eu via claramente que havia maior perfeição em conhecer do que em duvidar, ocorreu-me investigar de onde eu aprendera a pensar em algo mais perfeito do que eu era; e compreendi com evidência que devia ser de uma natureza que fosse, de fato, mais perfeita. Quanto aos pensamentos que eu tinha de várias coisas fora de mim, como o céu, a terra, a luz, o calor e muitas outras, não era tão difícil saber de onde vinham, porque, não observando nada neles que me parecesse torná-los superiores a mim, eu podia crer que, se fossem verdadeiros, eram dependências de minha natureza, na medida em que possuía alguma perfeição; e, se não o fossem, é que eu os tinha do nada, isto é, estavam em mim porque eu era imperfeito. Mas o mesmo não podia ser com a ideia de um ser mais perfeito que o meu, pois tirá-la do nada era coisa manifestamente impossível; e, como não é menos repugnante admitir que o mais perfeito seja uma consequência e uma dependência do menos perfeito do que admitir que do nada proceda alguma coisa, eu também não podia tirar essa ideia de mim mesmo. Assim restava apenas que ela tivesse sido posta em mim por uma natureza que fosse verdadeiramente mais perfeita que a minha, e mesmo que tivesse em si todas as perfeições que eu podia conceber, isto é, para explicar-me numa palavra, que fosse Deus. A isso acrescentei, sabendo de algumas perfeições que eu não tinha, que eu não era o único ser que existia (usarei aqui livremente, se vos aprouver, as palavras da Escola), mas que era preciso necessariamente haver algum outro mais perfeito do qual eu dependia e do qual tivesse adquirido tudo o que possuía. Pois, se eu fosse único e independente de qualquer outro, de modo que tivesse de mim mesmo o pouco que me fazia participar do ser perfeito, eu poderia ter de mim, pela mesma razão, todo o resto que sabia faltar-me, e assim ser eu próprio infinito, eterno, imutável, onisciente, onipotente, enfim, ter todas as perfeições que podia observar existirem em Deus. Pois, segundo os raciocínios que acabo de fazer, para conhecer a natureza de Deus, na medida em que eu era capaz disso, bastava-me considerar, de todas as coisas cuja ideia havia em mim, se era perfeição ou não possuí-las, e eu tinha certeza de que nenhuma das que marcavam alguma imperfeição estava nele, mas que todas as outras estavam. Assim vi que a dúvida, a inconstância, a tristeza e coisas semelhantes não podiam estar nele, pois eu mesmo teria muita vontade de estar isento delas. Além disso, eu tinha ideias de várias coisas sensíveis e corporais: pois, embora supondo que sonhava, e que tudo que via ou imaginava era falso, não podia porém negar que essas ideias existissem verdadeiramente em meu pensamento; mas, como eu já havia reconhecido em mim claramente que a natureza inteligente é distinta da corporal, e considerando que toda composição testemunha dependência, e que a dependência é manifestamente um defeito, julguei daí que não podia ser uma perfeição em Deus ser composto dessas duas naturezas, e que portanto ele não o era; e que, se havia alguns corpos no mundo, ou algumas inteligências ou outras naturezas, que não fossem inteiramente perfeitos, seu ser devia depender do poder de Deus, de tal modo que não poderiam subsistir sem ele um só momento.

Depois disso quis examinar outras verdades, e, tendo-me proposto o objeto dos geômetras, que eu concebia como um corpo contínuo, ou um espaço indefinidamente extenso em comprimento, largura e altura ou profundidade, divisível em diversas partes, as quais podiam ter diversas figuras e tamanhos, e ser movidas ou transpostas de todas as maneiras, pois os geômetras supõem tudo isso em seu objeto, percorri algumas de suas mais simples demonstrações.

E observando que essa grande certeza, que todos lhes atribuem, funda-se apenas no fato de serem concebidas com evidência, segundo a regra que eu disse há pouco, observei também que nelas não havia absolutamente nada que me assegurasse da existência de seu objeto. Por exemplo, eu via claramente que, ao supor um triângulo, era preciso que seus três ângulos fossem iguais a dois retos; mas nada me assegurava que houvesse no mundo algum triângulo. Ao passo que, voltando a examinar a ideia que eu tinha de um Ser perfeito, eu descobria que a existência nele estava compreendida, da mesma forma que está compreendida na de um triângulo que seus três ângulos sejam iguais a dois retos, ou, na de uma esfera, que todas as suas partes estejam igualmente distantes de seu centro, ou mesmo de maneira mais evidente ainda; e que, portanto, é pelo menos tão certo que Deus, que é esse Ser perfeito, é ou existe, quanto o seria qualquer demonstração de geometria.

Mas o que faz que muitos estejam persuadidos de que há dificuldade de conhecê-lo, e mesmo de conhecer o que é a alma, é que eles nunca elevam seu espírito para além das coisas sensíveis, e estão de tal modo acostumados a nada considerar senão imaginando, o que é um modo de pensar particular às coisas materiais, que tudo o que não é imaginável lhes parece não ser inteligível. E isso é bastante manifesto porque os próprios filósofos têm por máxima, nas escolas, que não há nada no entendimento que não tenha estado primeiramente nos sentidos, onde todavia é certo que as ideias de Deus e da alma jamais estiveram. E parece-me que os que querem usar sua imaginação para compreendê-los fazem o mesmo que alguém que, para ouvir os sons ou sentir os odores, quisesse servir-se dos olhos, exceto que há ainda esta diferença: que o sentido da visão não nos assegura mais a verdade dos objetos do que o fazem os do olfato e da audição, pois nem nossa imaginação nem nossos sentidos jamais podem nos assegurar de alguma coisa se nosso entendimento não intervém.

Enfim, se há ainda homens que não estão bastante convencidos da existência de Deus e da alma, pelas razões que apresentei, quero que saibam que todas as outras coisas que eles talvez julguem mais seguras, como ter um corpo e haver astros e uma Terra, e outras semelhantes, são menos certas. Pois, ainda que se tenha uma certeza moral dessas coisas, que é de tal ordem que dela não se pode duvidar a menos que haja extravagância, ocorre também, a menos que haja desrazão quando se trata de uma certeza metafísica, que não se pode negar ser um motivo suficiente para não estarmos inteiramente seguros o fato de podermos, do mesmo modo, imaginar, quando adormecidos, que temos um outro corpo, e que vemos outros astros, e uma outra Terra, sem que isso exista. Pois como se sabe que os pensamentos que vêm em sonho são mais falsos que os outros, se com frequência não são menos vivos e explícitos? E, por mais que os melhores espíritos estudem isso, não creio que possam dar nenhuma razão suficiente para tirar essa dúvida, a menos que pressuponham a existência de Deus. Pois, em primeiro lugar, aquilo mesmo que há pouco tomei como uma regra, a saber, que as coisas que concebemos de maneira muito clara e distinta são todas verdadeiras, só é seguro porque Deus é ou existe, e porque ele é um ser perfeito, e porque tudo que está em nós vem dele. E assim resulta que nossas ideias ou noções, sendo coisas reais e provenientes de Deus em tudo o que possuem de claro e distinto, só podem nisto ser verdadeiras. De modo que, se temos amiúde outras que contêm falsidade, só podem ser aquelas que têm algo de confuso e obscuro, porque nisto participam do nada, isto é, só são assim confusas porque não somos inteiramente perfeitos. E é evidente que não é menos repugnante admitir que a falsidade ou a imperfeição procedem de Deus do que admitir que a verdade ou a perfeição procedem do nada. Mas, se não soubéssemos de modo algum que tudo que existe em nós de real e de verdadeiro vem de um ser perfeito e infinito, não teríamos, por claras e distintas que fossem nossas ideias, razão alguma que nos assegurasse que elas teriam a perfeição de ser verdadeiras.

Ora, depois que o conhecimento de Deus e da alma nos certificou assim dessa regra, é muito fácil compreender que as fantasias que imaginamos, quando adormecidos, não devem de maneira alguma nos fazer duvidar da verdade dos pensamentos que temos quando acordados. Pois, se acontecesse que, ao dormir, se tivesse uma ideia muito distinta, como um geômetra que inventasse, por exemplo, uma nova demonstração, seu sono não a impediria de ser verdadeira. E, quanto ao erro mais comum de nossos sonhos, que consiste em nos representar diversos objetos assim como o fazem nossos sentidos exteriores, não importa que ele nos dê ocasião de desconfiar da verdade de tais ideias, pois muitas vezes elas podem nos enganar sem que estejamos dormindo: como quando os que têm icterícia veem tudo da cor amarela, ou quando os astros ou outros corpos muito afastados nos parecem muito menores do que são. Pois, enfim, quer estejamos despertos ou adormecidos, não devemos nunca nos deixar persuadir senão pela evidência de nossa razão. E convém frisar que digo de nossa razão, e não de nossa imaginação nem de nossos sentidos. Assim também, não é por vermos o sol muito claramente que devemos julgar que ele seja do tamanho que o vemos; e podemos muito bem imaginar uma cabeça de leão enxertada no corpo de uma cabra sem precisar por isso concluir que há no mundo uma quimera: pois a razão não nos dita de modo algum que o que assim vemos ou imaginamos é verdadeiro. Mas ela nos dita que todas as nossas ideias ou noções devem ter algum fundamento de verdade, pois não seria possível que Deus, inteiramente perfeito e inteiramente verdadeiro, as tivesse posto em nós sem isso. E, como nossos raciocínios nunca são tão evidentes nem completos durante o sono quanto o são na vigília, embora muitas vezes nossas imaginações sejam tanto ou mais vivas e explícitas, ela nos dita também que, não podendo nossos pensamentos serem todos verdadeiros, porque não somos inteiramente perfeitos, o que eles têm de verdade deve infalivelmente ocorrer naqueles que temos quando despertos, e não em nossos sonhos.

Quinta parte

Eu gostaria muito de prosseguir e mostrar aqui todo o encadeamento das outras verdades que deduzi dessas primeiras. Mas, como para tanto seria necessário agora que eu falasse de várias questões controvertidas entre os doutos, com os quais não desejo me indispor, creio que será melhor abster-me e dizer apenas, em geral, quais são elas, a fim de deixar que os mais sábios julguem se seria útil o público estar mais particularmente informado a esse respeito. Sempre permaneci firme na resolução que tomei, de não supor nenhum outro princípio senão o que acabo de utilizar para demonstrar a existência de Deus e da alma, e de nada admitir como verdadeiro que não me parecesse mais claro e mais certo do que antes me haviam parecido as demonstrações dos geômetras. No entanto ouso dizer que não apenas encontrei um meio de satisfazer-me em pouco tempo, no tocante às principais dificuldades que costumam ser tratadas na filosofia, mas também reconheci certas leis que Deus estabeleceu de tal modo na natureza, e com as quais imprimiu essas noções em nossas almas, que, depois de refletir bastante sobre elas, não poderíamos duvidar de que são exatamente observadas em tudo que existe ou que se faz no mundo. Depois, considerando a consequência dessas leis, pareceu-me ter descoberto várias verdades mais úteis e mais importantes do que tudo que eu havia aprendido antes, ou mesmo esperado aprender.

Mas, como tratei de explicar as principais delas num tratado[9] que algumas considerações me impedem de publicar, eu não saberia fazê-las conhecer melhor do que dizendo aqui, sumariamente, o que ele contém. Tive o propósito, antes de escrevê-lo, de incluir tudo o que eu pensava saber acerca das coisas materiais. Mas, assim como os pintores que não conseguem representar igualmente bem num quadro plano as diversas faces de um corpo sólido, e escolhem colocar apenas uma das principais na luz e deixar as outras na sombra, fazendo que estas apareçam somente ao olhar-se aquela, assim também, temendo não poder colocar em meu discurso tudo o que tinha no pensamento, resolvi apenas expor amplamente o que eu concebia acerca da luz; depois, ocasionalmente, acrescentar alguma coisa acerca do sol e das estrelas fixas, já que deles procede quase toda luz; acerca dos céus, porque a transmitem; dos planetas, dos cometas e da Terra, porque a fazem refletir; e, em particular, de todos os corpos que existem na Terra, porque são ou coloridos, ou transparentes, ou luminosos; e, por fim, do homem, porque é o espectador. Inclusive, para enfeitar um pouco todas essas coisas e poder dizer mais livremente o que eu pensava, sem ser obrigado a seguir nem a refutar as opiniões aceitas entre os

---

9. *O mundo ou tratado da luz*, obra iniciada em 1629 e que Descartes desistirá de publicar após a condenação de Galileu, em 1633. (N.T.)

doutos, resolvi deixar todo este nosso mundo às suas disputas, e falar apenas do que aconteceria num novo, se Deus criasse agora, em alguma parte nos espaços imaginários, suficiente matéria para compô-lo, e agitasse diversamente e sem ordem as diversas partes dessa matéria, de modo a formar um caos tão confuso quanto o imaginado pelos poetas, e, a seguir, não fizesse outra coisa senão prestar seu concurso ordinário à natureza, deixando-a agir conforme as leis que ele estabeleceu. Assim, em primeiro lugar, descrevi essa matéria e procurei representá-la tal como não há no mundo, parece-me, nada mais claro nem mais inteligível, exceto o que há pouco foi dito de Deus e da alma: pois supus mesmo, expressamente, que nela não havia nenhuma daquelas formas ou qualidades discutidas nas escolas, nem, de maneira geral, coisa alguma cujo conhecimento não fosse tão natural a nossas almas que não se pudesse sequer fingir ignorá-lo. Além disso, mostrei quais eram as leis da natureza; e, sem apoiar minhas razões em nenhum outro princípio a não ser as perfeições infinitas de Deus, procurei demonstrar todas aquelas sobre as quais se poderia ter alguma dúvida, e fiz ver que eram tais que, mesmo se Deus tivesse criado vários mundos, não poderia haver nenhum onde elas deixariam de ser observadas. Depois, mostrei de que maneira a maior parte da matéria desse caos devia, em consequência dessas leis, dispor-se e arranjar-se de um certo modo que a tornasse semelhante a nossos céus; de que maneira, no entanto, algumas de suas partes deviam formar uma Terra, e algumas, planetas e cometas, e algumas outras, um sol e estrelas fixas. E aqui, estendendo-me sobre o tema da luz, expliquei longamente qual era a que devia se encontrar no sol e nas estrelas, e como daí ela atravessava num instante os imensos espaços dos céus, e como se refletia dos planetas e dos cometas para a Terra. A isso acrescentei várias coisas, relativas à substância, à situação, aos movimentos e às diversas qualidades desses céus e desses astros; de modo que eu pensava dizer o bastante para fazer compreender que nada se observa nos céus e astros de nosso mundo que não devesse, ou pelo menos não pudesse, parecer semelhante aos do mundo que eu descrevia. Daí passei a falar particularmente da Terra: de que maneira, ainda que eu tivesse expressamente suposto que Deus não tinha colocado nenhum peso na matéria de que ela é composta, todas as suas partes não deixavam de tender exatamente para o seu centro; de que maneira, havendo água e ar em sua superfície, a disposição dos céus e dos astros, principalmente da Lua, devia causar um fluxo e refluxo, semelhante em todas as suas circunstâncias ao que se observa em nossos mares; e também um certo curso, tanto da água quanto do ar, do levante para o poente, tal como é observado entre os trópicos; de que maneira as montanhas, os mares, as fontes e os rios podiam naturalmente nela se formar, e os metais assomar nas minas, e as plantas crescer nos campos, e, de modo geral, engendrarem-se todos os corpos chamados mistos ou compostos. E, entre outras coisas, já que depois dos astros não conheço nada no mundo, a não ser o fogo, que produza luz, dediquei-me a fazer entender claramente tudo o que pertence à sua natureza, como ele se produz, como se alimenta; como existe às vezes apenas calor sem luz, e outras vezes luz sem calor; como ele é capaz de introduzir diversas cores em diversos corpos, e diversas outras qualidades; como ele derrete alguns, e endurece outros, como os pode consumir quase todos, ou convertê-los em cinza e fumaça; por fim, como dessas cinzas, pela simples violência de sua ação, ele forma o vidro; pois, parecendo-me essa transmutação de cinzas em vidro tão admirável como nenhuma outra na natureza, senti um prazer especial em descrevê-la.

Contudo eu não queria inferir de todas essas coisas que esse mundo tivesse sido criado da maneira como eu propunha; pois é bem mais verossímil que desde o começo Deus o tenha feito tal como ele devia ser. Mas é certo, e é uma opinião comumente aceita entre os teólogos, que a ação pela qual agora ele o conserva é exatamente a mesma que aquela pela qual o criou; de modo que, mesmo se ele não tivesse dado ao começo outra forma senão a do caos, e contanto que, tendo estabelecido as leis da natureza, lhe prestasse seu concurso para agir tal como ela costuma agir, pode-se acreditar, sem prejuízo ao milagre da criação, que só por isso todas as coisas puramente materiais teriam podido com o tempo tornar-se tais como as vemos no presente. E a natureza delas é bem mais fácil de conceber quando as vemos nascer aos poucos dessa maneira do que quando as consideramos inteiramente feitas.

Da descrição dos corpos inanimados e das plantas, passei à dos animais e particularmente à dos homens. Mas, como eu não tinha ainda suficiente conhecimento para falar disso no mesmo estilo que do resto, isto é, demonstrando os efeitos pelas causas, e mostrando de quais sementes, e de que modo, a natureza os deve produzir, contentei-me em supor que Deus formasse o corpo de um homem inteiramente semelhante a um dos nossos, tanto na figura exterior de seus membros quanto na conformação interior de seus órgãos, sem o compor com outra matéria senão a que descrevi, e sem colocar nele, no começo, nenhuma alma racional ou outra coisa para servir-lhe de alma vegetativa ou sensitiva[10], a não ser que excitava em seu coração um daqueles fogos sem-luz que já expliquei, não concebendo eu outra natureza senão a que aquece o feno quando guardado antes de secar, ou a que faz ferver os vinhos novos quando deixados a fermentar sobre o bagaço. Pois, examinando as funções que podiam, em consequência disso, estar nesse corpo, encontrei exatamente todas aquelas que podem estar em nós sem que o pensemos, e portanto sem que nossa alma, isto é, essa parte distinta do corpo cuja natureza, como foi dito acima, é apenas pensar, contribua para

---

10. Descartes recusa essas noções escolásticas e afirma que a alma não tem nenhuma função fisiológica, toda a sua essência ou natureza sendo apenas pensar. (N.T.)

tanto, e que são todas as mesmas; nisto se pode dizer que os animais sem-razão se assemelham a nós, sem que eu encontre neles nenhuma daquelas funções que, sendo dependentes do pensamento, são as únicas que pertencem a nós enquanto homens; no entanto eu as encontrava todas, em seguida, ao supor que Deus criou uma alma racional e a juntou a esse corpo, de certo modo, tal como descrevi.

Mas, a fim de que se possa ver de que modo eu tratava desse assunto, quero expor aqui a explicação do movimento do coração e das artérias, o qual, sendo o primeiro e o mais geral que se observa nos animais, permitirá julgar facilmente o que se deve pensar de todos os outros. E, para que haja menos dificuldade de entender o que vou dizer, gostaria que os não versados em anatomia se dessem o trabalho, antes de ler isto, de fazer cortar diante deles o coração de um grande animal que tenha pulmões, pois ele é bastante semelhante ao do homem, e de observar as duas câmaras ou concavidades[11] que ali estão. Primeiramente, a que está a seu lado direito, a saber, a veia cava, que é o principal receptáculo do sangue e como que o tronco da árvore da qual todas as outras veias do corpo são os ramos, e a veia arteriosa[12], mal-denominada, porque se trata na verdade de uma artéria, a qual, se originando no coração, divide-se, depois de sair dele, em vários ramos que vão se espalhar em toda parte nos pulmões. A seguir,

---

11. Os ventrículos. (N.T.)

12. A artéria pulmonar. (N.T.)

a que está a seu lado esquerdo, à qual correspondem igualmente dois tubos, que são tão ou mais largos que os precedentes, a saber, a artéria venosa[13], também mal-denominada, porque não é outra coisa senão uma veia que vem dos pulmões, onde se divide em vários ramos, entrelaçados com os da veia arteriosa e os do conduto chamado goela[14], por onde entra o ar da respiração; e a grande artéria[15], que, saindo do coração, envia seus ramos por todo o corpo. Eu gostaria também que lhes mostrassem as onze pequenas peles[16] que, como pequenas portas, abrem e fecham as quatro aberturas que existem nessas duas concavidades, a saber: três na entrada da veia cava[17], onde estão de tal maneira dispostas que não podem impedir que o sangue ali contido corra para a concavidade direita do coração, no entanto impedem exatamente que ele possa sair; três na entrada da veia arteriosa[18], que, estando dispostas em sentido contrário, permitem que o sangue contido nessa concavidade passe para os pulmões, mas não que o que está nos pulmões retorne a ela; e também duas outras na entrada da artéria venosa[19], que deixam correr o sangue dos pulmões para a concavidade esquerda do coração, mas não deixam que ele retorne; e três na

---

13. A veia pulmonar. (N.T.)
14. A traqueia. (N.T.)
15. A aorta. (N.T.)
16. As válvulas. (N.T.)
17. A válvula auriculoventricular direita, dita tricúspide. (N.T.)
18. As válvulas sigmoides. (N.T.)
19. A válvula mitral, dita bicúspide. (N.T.)

entrada da grande artéria, que lhe permitem sair do coração mas impedem seu retorno. E não há nenhuma necessidade de buscar outra razão para o número dessas peles a não ser que a abertura da artéria venosa, sendo oval por causa do lugar onde se encontra, pode ser comodamente fechada com duas delas, enquanto as outras, sendo redondas, podem fazê-lo melhor sendo três. Além disso, eu gostaria que lhes fizessem observar que a grande artéria e a veia arteriosa são de uma composição muito mais dura e mais firme que a da artéria venosa e da veia cava; e que estas duas se alargam antes de entrar no coração, fazendo nele como duas bolsas, denominadas as orelhas do coração[20], que são formadas de uma carne semelhante à dele; e que há sempre mais calor no coração do que em qualquer outro lugar do corpo, e, por fim, que esse calor é capaz de fazer com que, se entrar alguma gota de sangue em suas concavidades, ela se infle imediatamente e se dilate, como fazem geralmente todos os líquidos quando os deixamos cair gota a gota num recipiente muito aquecido.

Depois disso, não preciso dizer outra coisa para explicar o movimento do coração a não ser que, quando suas concavidades não estão cheias de sangue, este corre necessariamente da veia cava para a direita, e da artéria venosa para a esquerda; de tal modo que esses dois recipientes estão sempre cheios, e suas aberturas, voltadas para o coração, não podem então ser fechadas; mas, tão logo entraram duas gotas

---

20. As aurículas. (N.T.)

de sangue, uma em cada uma de suas concavidades, essas gotas, que só podem ser muito grossas porque as aberturas por onde entram são bastante largas, e os recipientes de onde vêm bastante cheios de sangue, se rarefazem e se dilatam, por causa do calor que aí encontram; desse modo, fazendo inflar todo o coração, elas pressionam e fecham as cinco pequenas portas que estão na entrada dos dois recipientes de onde elas vêm, impedindo assim que entre mais sangue no coração; e, continuando a se rarefazer cada vez mais, elas pressionam e abrem as seis outras pequenas portas que estão na entrada dos dois outros recipientes por onde saem, fazendo inflar desse modo todos os ramos da veia arteriosa e da grande artéria quase no mesmo instante que no coração, o qual imediatamente se desinfla, como o fazem também essas artérias, porque o sangue que nele entrou esfria, e suas seis pequenas portas se fecham, enquanto as cinco da veia cava e da artéria venosa tornam a se abrir, dando passagem a duas outras gotas de sangue, que fazem mais uma vez inflar o coração e as artérias, tal como as precedentes. E uma vez que o sangue, que entra assim no coração, passa por essas duas bolsas chamadas suas orelhas, resulta que o movimento destas é contrário ao dele, e que elas desinflam quando ele se infla. De resto, para que os que não conhecem a força das demonstrações matemáticas, e não estão acostumados a distinguir as verdadeiras razões das verossímeis, não se aventurem a negar isto sem examiná-lo, quero adverti-los de que esse movimento que acabo de explicar resulta necessariamente da simples disposição dos órgãos que se pode observar com os olhos no coração, e do calor que nele se pode sentir com os dedos, e da natureza do sangue que se pode conhecer por experiência, assim como o do relógio resulta da força, da situação e da figura de seus contrapesos e suas engrenagens.

Mas, se perguntarem como o sangue das veias não se esgota, correndo assim continuamente para o coração, e como as artérias não se enchem demais, já que todo o sangue que passa pelo coração se dirige a elas, não tenho necessidade de responder senão com o que já escreveu um médico da Inglaterra[21], a quem se deve o mérito de ter dado os primeiros passos nesse ponto e de ter sido o primeiro a ensinar que há várias pequenas passagens nas extremidades das artérias, por onde o sangue que elas recebem do coração entra nos pequenos ramos das veias, de onde ele volta mais uma vez ao coração, de modo que seu curso não é senão uma circulação perpétua. O que ele prova bastante bem pela experiência ordinária dos cirurgiões que, ligando o braço sem apertá-lo muito, acima do lugar onde abrem a veia, fazem que o sangue saia dali mais abundantemente do que se não o tivessem ligado. E aconteceria exatamente o contrário se o ligassem abaixo, entre a mão e a abertura, ou se o ligassem com muita força acima. Pois é manifesto que a ligadura pouco apertada, embora impeça que o sangue presente no braço não retorne ao coração

---

21. William Harvey (1578-1654), que explica a circulação do coração em sua obra *Estudo anatômico do movimento do coração e do sangue* (1628). (N.T.)

pelas veias, nem por isso impede que venha sempre sangue novo pelas artérias, porque elas estão sempre situadas abaixo das veias, e porque suas peles, sendo mais duras, são menos fáceis de pressionar, e também porque o sangue que vem do coração tende a passar com mais força por elas em direção à mão do que o faz ao retornar daí ao coração, pelas veias. E, já que esse sangue sai do braço pela abertura numa das veias, deve haver necessariamente algumas passagens abaixo da ligadura, isto é, em direção às extremidades do braço, por onde ele possa vir das artérias. Ele também prova muito bem o que diz do curso do sangue por certas pequenas peles [válvulas], dispostas de tal modo em diversos locais ao longo das veias que elas não lhe permitem passar do meio do corpo às extremidades, mas apenas retornar das extremidades ao coração; prova-o também pela experiência que mostra que todo o sangue pode sair do corpo em muito pouco tempo por uma única artéria quando cortada, mesmo que ela estivesse fortemente ligada muito perto do coração e fosse cortada entre ele e a ligadura, de modo que não se teria motivo algum de imaginar que o sangue a sair viesse de outra parte.

Mas há várias outras coisas que mostram que a verdadeira causa desse movimento do sangue é a que mencionei. Em primeiro lugar, a diferença que se observa entre o que sai das veias e o que sai das artérias não pode proceder senão de que, estando rarefeito e como que destilado ao passar pelo coração, ele é mais sutil, mais vivo e mais quente imediatamente após ter saído, isto é, quando nas artérias, do que um pouco antes de nelas entrar, isto é, quando nas veias. E, se observarem, verão que essa diferença só aparece bem mais perto do coração, e não nos lugares dele mais afastados. Além disso, a dureza das peles, da veia arteriosa e da grande artéria mostra suficientemente que o sangue bate contra elas com mais força do que contra as veias. E por que seriam a concavidade esquerda do coração e a grande artéria mais amplas e mais largas que a concavidade direita e a veia arteriosa, senão porque o sangue da artéria venosa, tendo estado apenas nos pulmões depois de passar pelo coração, é mais sutil e se rarefaz com mais força e mais facilmente do que o que vem imediatamente da veia cava? E o que podem adivinhar os médicos ao tomar a pulsação, se não soubessem que, conforme o sangue muda de natureza, ele pode se rarefazer pelo calor mais ou menos forte do coração, e mais ou menos depressa do que antes? E, se examinarmos como esse calor se comunica aos outros membros, não iremos admitir que é por meio do sangue que, ao passar pelo coração, nele volta a se aquecer e dali se espalha por todo o corpo? Do que resulta que, se tirarmos o sangue de alguma parte, tira-se também seu calor; e, ainda que o coração fosse tão ardente quanto um ferro em brasa, não seria o bastante para aquecer convenientemente os pés e as mãos, se não lhes enviasse continuamente sangue novo. Depois, também se sabe que o verdadeiro uso da respiração é trazer ar fresco para o pulmão, para fazer com que o sangue, que chega da concavidade direita do coração, onde se rarefez e como que se transformou em vapores, torne a se espessar e se converta outra vez em sangue, antes de recair na concavidade esquerda, sem o que não poderia ser próprio a servir de alimento ao fogo que ali está. O que é confirmado pelo fato de os animais que não têm pulmão possuírem apenas uma única concavidade no coração, e de as crianças, que não podem usá-lo enquanto estão encerradas no ventre de suas mães, terem uma abertura por onde corre o sangue da veia cava para a concavidade esquerda do coração, e um conduto por onde ele vem da veia arteriosa para a grande artéria, sem passar pelo pulmão. Além disso, como se faria a cocção[22] no estômago, se o coração não lhe enviasse calor pelas artérias, e com isso algumas das mais fluidas partes do sangue que ajudam a dissolver os alimentos que nele entraram? E a ação que converte o suco desses alimentos em sangue não será fácil de compreender, se considerarmos que ele se destila ao passar e tornar a passar pelo coração, talvez mais de cem ou duzentas vezes por dia? E que outra coisa é necessária para explicar a nutrição, e a produção dos diversos humores que há no corpo, senão dizer que a força com que o sangue, ao se rarefazer, passa do coração à extremidade das artérias, faz que algumas de suas partes se detenham nas dos membros onde se

---

22. A digestão. (N.T.)

encontram, e ali substituam algumas outras que são expulsas? e que, conforme a situação, ou a figura, ou a pequenez dos poros que encontram, umas se dirigem a certos lugares e não a outros, à maneira de diversas peneiras que, diversamente perfuradas, servem para separar diversos grãos uns dos outros? Enfim, o que há de mais notável nisso tudo é a geração dos espíritos animais[23], que são como um vento muito sutil ou, melhor, como uma chama muito pura e muito viva que, subindo continuamente em grande abundância do coração para o cérebro, daí se dirige pelos nervos até os músculos e confere o movimento a todos os membros; isto sem ser preciso imaginar outra causa para que estas partes do sangue, mais agitadas e mais penetrantes por serem as mais próprias a compor esses espíritos, se dirijam ao cérebro e não a outros lugares; basta que as artérias, que as transportam, sejam as que vêm do coração em linha a mais reta de todas, e que, segundo as regras da mecânica[24], que são as mesmas que as da natureza, quando várias coisas tendem em conjunto a se mover para um mesmo lado onde não há bastante lugar para todas, assim como as partes do sangue que saem da concavidade esquerda do coração tendem para o cérebro, as mais fracas e menos agitadas

---

23. Para Descartes, como para os escolásticos, os espíritos, vitais e animais, são fluidos derivados do sangue, e portanto puramente materiais. (N.T.)

24. A mecânica designa a teoria dos engenhos de levantamento (alavanca, plano inclinado, polia etc.) e, de maneira mais geral, uma parte matematizada da física desde a Antiguidade, que considera somente figuras, grandezas e movimentos dos corpos. (N.T.)

devam ser desviadas pelas mais fortes, que desse modo dirigem-se até lá sozinhas.

Expliquei bastante particularmente todas essas coisas no tratado que tive anteriormente a intenção de publicar. E a seguir mostrei como deve ser a fabricação dos nervos e músculos do corpo humano, para fazer com que os espíritos animais, estando dentro, tenham a força de mover seus membros: assim se observa que as cabeças, um pouco depois de serem cortadas, ainda se mexem e mordem a terra, embora não sejam mais animadas; também mostrei que mudanças devem ocorrer no cérebro para causar a vigília, e o sono, e os sonhos; de que maneira a luz, os sons, os cheiros, os sabores, o calor e todas as outras qualidades dos objetos exteriores nele podem imprimir diversas ideias por meio dos sentidos; de que maneira a fome, a sede e as outras paixões inferiores também podem lhe enviar as suas; o que nele deve ser tomado pelo senso comum[25], onde essas ideias são acolhidas; pela memória, que as conserva; e pela imaginação, que as pode diversamente modificar e compor novas com elas, e desse modo, distribuindo os espíritos animais nos músculos, mover esse corpo de tão diversas maneiras, seja a propósito dos objetos que se apresentam a seus sentidos, seja de

---

25. A exemplo da psicologia aristotélica, que concebia o senso comum como situado no cérebro, com a função de unificar os sentidos, permitir o julgamento sobre os objetos sensíveis e tornar consciente a sensação, Descartes também o concebeu inicialmente como uma parte do corpo, situada na glândula pineal ou epífise. Em seus textos ulteriores, o senso comum será mais uma função do que uma localização cerebral. (N.T.)

suas paixões interiores, que as nossas podem se mover sem que a vontade as conduza. O que não parecerá de modo algum estranho aos que, sabendo quantos *autômatos*, ou máquinas moventes, a indústria dos homens pode criar, utilizando poucas peças em comparação com a grande quantidade de ossos, músculos, nervos, artérias, veias e todas as outras partes existentes no corpo de cada animal, hão de considerar esse corpo como uma máquina, a qual, tendo sido feita pelas mãos de Deus, é incomparavelmente melhor ordenada e possui em si movimentos mais admiráveis do que nenhuma das que podem ser inventadas pelos homens. E nesse ponto me detive particularmente para mostrar que, se houvesse máquinas que tivessem os órgãos e a figura exterior de um macaco ou de algum outro animal sem razão, não teríamos nenhum meio de reconhecer que elas não seriam em tudo da mesma natureza que esses animais; ao passo que, se houvesse algumas que tivessem a semelhança de nossos corpos e imitassem nossas ações tão moralmente quanto possível, teríamos sempre dois meios muito seguros de reconhecer que elas nem por isso seriam verdadeiros homens. O primeiro é que jamais poderiam usar palavras nem outros sinais, compondo-os como fazemos para declarar aos outros nossos pensamentos. Pois pode-se perfeitamente conceber que uma máquina seja feita de modo a proferir palavras, e mesmo a proferir algumas a propósito das ações corporais que causarão alguma mudança em seus órgãos, como, se a tocarem em algum lugar, perguntar o que lhe querem dizer, se a tocarem num outro, gritar que a machucaram, e coisas semelhantes; mas não que ela as disponha diversamente para responder ao sentido de tudo que se disser em sua presença, como fazem os homens mais embrutecidos. E o segundo é que, embora façam várias coisas tão bem ou talvez melhor que qualquer um de nós, elas infalivelmente deixariam de fazer algumas outras, pelas quais se descobriria que não agem por conhecimento, mas apenas pela disposição de seus órgãos. Pois, enquanto a razão é um instrumento universal que pode servir em todo tipo de circunstância, esses órgãos têm necessidade de uma disposição qualquer para cada ação particular; do que resulta ser moralmente impossível que haja disposições bastante diversas numa máquina para fazê-la agir em todas as ocorrências da vida, da mesma maneira que nossa razão nos faz agir. Ora, por esses mesmos dois meios pode-se também conhecer a diferença que existe entre os homens e os animais. Pois é uma coisa muito notável que não há homens tão embrutecidos e tão estúpidos, sem excetuar mesmo os loucos, que não sejam capazes de dispor juntas diversas palavras, e de compor com elas um discurso pelo qual façam entender seus pensamentos; ao contrário, não há nenhum outro animal, por mais perfeito e bem-nascido que possa ser, que faça o mesmo. O que não acontece por lhe faltarem órgãos, pois sabemos que as pegas e os papagaios podem proferir palavras como nós, sendo no entanto incapazes de falar como nós, isto é, de testemunhar que pensam o que dizem; enquanto os homens que, nascidos surdos e mudos, são privados, tanto ou mais que os animais, dos órgãos que servem aos outros para falar, costumam inventar eles próprios alguns sinais, fazendo-se entender por aqueles que, vivendo ordinariamente com eles, têm vontade de aprender sua língua. E isto mostra não apenas que os animais têm menos razão que os homens, mas que não têm nenhuma. Pois sabe-se que é preciso muito pouco para saber falar; e visto que se observa a desigualdade entre os animais de uma mesma espécie, tanto quanto entre os homens, e que uns são mais fáceis de adestrar que outros, não dá para crer que um macaco ou um papagaio, dos mais perfeitos de sua espécie, não se igualassem nisso a uma criança das mais estúpidas, ou pelo menos uma criança com um cérebro perturbado, se a alma deles não fosse de uma natureza completamente diferente da nossa. E não se deve confundir as palavras com os movimentos naturais, que testemunham as paixões e podem ser imitados tanto por máquinas quanto pelos animais; nem pensar, como alguns antigos, que os animais falam, mas não entendemos sua linguagem; se fosse verdade, eles poderiam, já que têm vários órgãos parecidos com os nossos, fazer-se entender por nós e por seus semelhantes. É também uma coisa muito notável, embora haja vários animais que mostrem mais engenho do que nós em algumas de suas ações, vermos no entanto que eles não demonstram o mesmo em muitas outras: de modo que o que eles fazem melhor que nós não prova que tenham espírito; pois, se o tivessem, o teriam mais que qualquer um de nós e agiriam melhor em tudo; mas eles não têm nenhum, e é a natureza que age neles segundo a disposição de seus órgãos; assim também um relógio, composto apenas de molas e engrenagens, pode contar as horas e medir o tempo com mais exatidão do que nós com toda a nossa prudência.

Descrevi depois disso a alma racional, e fiz ver que ela não pode de maneira alguma ser obtida do poder da matéria, assim como as outras coisas de que falei, mas que deve necessariamente ser criada; e que não basta que ela esteja alojada no corpo humano, como um piloto em seu navio, senão talvez para mover seus membros, mas que é necessário que esteja junta e unida mais intimamente com ele para ter, também, sentimentos e apetites semelhantes aos nossos, e assim compor um verdadeiro homem. De resto, estendi-me aqui um pouco sobre o tema da alma por ser dos mais importantes; porque, depois do erro dos que negam Deus, erro que penso ter refutado suficientemente acima, não há nenhum que mais afaste os espíritos fracos do caminho reto da virtude que imaginar que a alma dos animais é da mesma natureza que a nossa, e que portanto nada temos a temer nem a esperar depois desta vida, não mais que as moscas e as formigas; ao contrário, sabendo-se o quanto diferem, compreende-se muito melhor as razões que provam que a nossa é de uma natureza inteiramente independente do corpo e, portanto, que não está de modo algum sujeita a morrer com ele; e, como não vemos nenhuma outra causa que a destrua, somos assim naturalmente levados a julgar que ela é imortal.

Sexta parte

Ora, faz agora três anos que eu chegava ao final do tratado que contém todas essas coisas, e começava a revê-lo a fim de passá-lo às mãos de um impressor, quando soube que pessoas, a quem respeito e cuja autoridade não se impõe menos sobre minhas ações do que minha própria razão sobre meus pensamentos, haviam desaprovado uma opinião de física, publicada pouco antes por um outro[26], da qual não digo que partilhasse, mas sim que nada observara nela, antes de sua censura, que pudesse imaginar ser prejudicial nem à religião nem ao Estado, nem, portanto, que me impedisse de escrevê-la se a razão me persuadisse a tanto, e que isso me fez temer que descobrissem igualmente alguma entre as minhas, na qual tivesse me enganado, não obstante o grande cuidado que sempre tive de nada de novo admitir em minha crença sem que eu tivesse demonstrações muito certas, e de nada escrever que pudesse prejudicar alguém. O que foi suficiente para obrigar-me a mudar a resolução que eu tomara de publicá-las. Pois, embora as razões pelas quais a havia tomado antes fossem muito fortes, minha inclinação, que sempre me fez odiar o ofício de fazer livros, levou-me imediatamente a encontrar muitas outras para abandoná-la. E essas razões são tais, de um lado e de outro, que não apenas tenho

---

26. Galileu. (N.T.)

aqui algum interesse em dizê-las, mas também que o público o tenha em sabê-las.

Nunca dei muita importância às coisas que vinham de meu espírito, e, enquanto não recolhi outros frutos do método que utilizo, contentando-me com algumas dificuldades que pertencem às ciências especulativas e procurando pautar meus costumes pelas razões que esse método me ensinava, não me acreditei obrigado a escrever nada a seu respeito. Pois, no que se refere aos costumes, cada um segue de tal modo sua opinião que poderia haver tantos reformadores quantas cabeças, se fosse permitido a outros, além daqueles que Deus estabeleceu como soberanos sobre seus povos, ou aos quais concedeu suficiente graça e zelo para serem profetas, empreender mudá-las; e, embora minhas especulações me agradassem muito, julguei que os outros também as tinham e talvez lhes agradassem ainda mais. Mas, tão logo adquiri algumas noções gerais relativas à física e, começando a testá-las em diversas dificuldades particulares, notei até onde podem conduzir e o quanto diferem dos princípios utilizados até o presente, acreditei que não podia mantê-las ocultas, sem pecar grandemente contra a lei que nos obriga a procurar, quanto dependa de nós, o bem geral de todos os homens. Pois elas me fizeram ver que é possível chegar a conhecimentos muito úteis à vida, e que, em vez da filosofia especulativa ensinada nas escolas, pode-se encontrar uma outra, prática, pela qual, conhecendo a força e as ações do fogo, da água, do ar, dos astros, dos céus e de todos os outros corpos que nos cercam, tão distintamente quanto conhecemos os diversos ofícios de nossos artesãos, poderíamos empregá-la do mesmo modo em todos os usos a que se aplicam tais ofícios, e assim nos tornarmos como que mestres e possuidores da natureza. O que é desejável não apenas para a invenção de uma infinidade de artifícios, que nos fariam usufruir sem nenhuma dificuldade os frutos da terra e todas as comodidades que nela se encontram, mas principalmente também para a conservação da saúde, a qual é certamente o primeiro bem e o fundamento de todos os outros bens desta vida; pois mesmo o espírito depende tanto do temperamento e da disposição dos órgãos do corpo que, se é possível encontrar um meio que torne comumente os homens mais sábios e mais hábeis do que foram até aqui, creio que é na medicina que se deve buscá-lo. É verdade que aquela agora em uso contém pouca coisa cuja utilidade seja tão notável; mas, sem ter o intuito de desprezá-la, estou certo de não haver ninguém, mesmo entre os que fazem dela profissão, que não admita que tudo o que sabemos é quase nada, comparado ao que resta por saber, e que poderíamos nos livrar de uma infinidade de doenças, tanto do corpo quanto do espírito, e talvez até do enfraquecimento da velhice, se tivéssemos o conhecimento de suas causas e de todos os remédios que a natureza nos proporcionou. Ora, tendo o intuito de empregar toda a minha vida na busca de uma ciência tão necessária, e tendo encontrado um caminho que me parece levar infalivelmente a descobri-la se o seguirmos, a menos que sejamos impedidos, ou pela brevidade da vida, ou pela falta de experiências, julguei não haver melhor remédio contra esses dois impedimentos do que comunicar fielmente ao público o pouco que eu tivesse descoberto, e convidar os bons espíritos a ir mais além, contribuindo, cada um conforme sua inclinação e seu poder, com as experiências que seria preciso fazer, e comunicando também ao público tudo que aprendessem, a fim de que, começando os últimos onde os precedentes haviam terminado, e juntando assim as vidas e os trabalhos de muitos, fôssemos todos juntos bem mais longe do que cada um em particular poderia ir.

Observei também, no tocante às experiências, que elas são tanto mais necessárias quanto mais avançamos em conhecimento. Pois, no começo, é melhor servir-se apenas daquelas que se apresentam por si mesmas a nossos sentidos, e que não poderíamos ignorar se lhes déssemos o mínimo de atenção, do que buscar outras mais raras e estudadas: a razão disso é que essas mais raras geralmente enganam, quando ainda não se sabe as causas das mais comuns, e as circunstâncias das quais elas dependem são quase sempre tão particulares e tão pequenas que é muito difícil observá-las. Mas a ordem que segui nesse ponto foi esta: em primeiro lugar, procurei encontrar em geral os princípios ou primeiras causas de tudo que existe, ou que pode existir no mundo, sem nada considerar para tanto a não ser Deus, que os criou, e sem tirá-los de outra parte senão de algumas sementes de verdades que estão naturalmente em nossas almas. Depois examinei quais eram os primeiros e mais ordinários efeitos que podiam ser deduzidos dessas causas, e assim pareceu-me encontrar céus, astros, uma Terra, e, na terra, água, ar, fogo, minerais e algumas outras coisas que são as mais comuns de todas e as mais simples, portanto as mais fáceis de conhecer. Depois, quando quis descer às que eram mais particulares, apresentaram-se a mim tantas e tão diversas que não acreditei fosse possível ao espírito humano distinguir as formas ou espécies de corpos existentes na Terra de uma infinidade de outras que nela poderiam existir se tal tivesse sido a vontade de Deus, nem, portanto, torná-las de nosso uso, a não ser que chegássemos às causas pelos efeitos e que nos servíssemos de várias experiências particulares. Em consequência disso, repassando meu espírito sobre todos os objetos que alguma vez haviam se apresentado a meus sentidos, ouso dizer que nada observei neles que não pudesse explicar bastante comodamente pelos princípios que eu havia encontrado. Mas devo também admitir que o poder da natureza é tão vasto e amplo, e esses princípios tão simples e gerais, que quase não observo mais nenhum efeito particular sem que primeiro saiba que ele pode ser deduzido de muitas diversas maneiras, e que minha maior dificuldade é geralmente descobrir de qual dessas maneiras ele depende. Para isso não conheço outro expediente senão buscar de novo algumas experiências, que sejam tais que seu resultado não seja o mesmo, se for explicado por uma dessas maneiras e não por outra. De resto, estou agora num ponto em que penso ver bastante bem que meio deve-se tomar para fazer a maioria das que podem servir para esse efeito; mas vejo também que são tais e em tão grande número, que nem minhas mãos nem meus rendimentos, ainda que os tivesse mil vezes mais do que tenho, seriam suficientes para todas; de modo que, conforme eu tiver daqui por diante a comodidade de fazê-las em maior ou menor número, também avançarei mais ou menos no conhecimento da natureza. É o que eu me prometia fazer conhecer no tratado que escrevi, mostrando tão claramente a utilidade que o público pode assim obter que eu obrigasse todos os que desejam em geral o bem dos homens, isto é, todos os que são de fato virtuosos, e não por fingimento nem apenas por opinião, tanto a me comunicar as que eles já fizeram quanto a me ajudar na busca das que estão por fazer.

Mas desde então tive outras razões que me levaram a mudar de opinião e a pensar que eu devia continuar a escrever todas as coisas que julgasse de alguma importância, à medida que descobrisse sua verdade, dando-lhes o mesmo cuidado como se quisesse fazê-las imprimir: tanto a fim de ter mais ocasião de examiná-las bem, pois certamente se dá mais atenção ao que se crê dever ser visto por muitos que ao que se faz apenas para si mesmo, e muitas vezes coisas que me pareceram verdadeiras quando comecei a concebê-las me pareceram falsas quando as quis pôr no papel; quanto a fim de não perder nenhuma ocasião de beneficiar o público, se disso sou capaz, e para que, se meus escritos valem alguma coisa, os que os tiverem depois de minha morte possam usá-los da maneira mais conveniente; mas que eu não devia de maneira alguma consentir que fossem publicados durante minha vida, a fim de que nem as oposições e controvérsias, às quais talvez estariam sujeitos, nem mesmo a eventual reputação que pudessem me proporcionar me dessem qualquer ocasião de desperdiçar o tempo que pretendo empregar em instruir-me. Pois, embora seja verdade que todo homem deve buscar, o quanto dependa dele, o bem dos outros, também é verdade que nossos cuidados devem ir mais além do tempo presente, e é bom omitir coisas que talvez tragam algum proveito aos que vivem quando se tem o propósito de fazer outras que beneficiarão ainda mais nossos descendentes. Assim, de fato, insisto que saibam que o pouco que aprendi até agora é quase nada, comparado ao que ignoro, e que não desespero de poder aprender; pois aos que descobrem aos poucos a verdade nas ciências sucede quase o mesmo que àqueles que, começando a enriquecer, têm menos dificuldade de fazer grandes aquisições do que o tiveram antes, quando mais pobres, em relação a outras bem menores. Ou então pode-se compará-los aos chefes militares, cujas forças costumam crescer à medida de suas vitórias, e que devem se conduzir melhor para se manter depois da perda de uma batalha do que se conduziram ao conquistar cidades e províncias. Pois realmente travamos batalhas quando procuramos vencer todas as dificuldades e os erros que nos impedem de chegar ao conhecimento da verdade; e perdemos uma quando admitimos alguma falsa opinião, numa matéria um pouco geral e importante; é preciso muito mais habilidade para voltar ao mesmo estado em que se estava antes do que para fazer grandes progressos, quando já se conta com princípios seguros. Quanto a mim, se anteriormente descobri algumas verdades nas ciências (e espero que as coisas contidas neste volume levem a julgar que descobri algumas), posso dizer que não são senão consequências e dependências de cinco ou seis dificuldades principais que superei, e que conto para isso com batalhas em que tive a sorte a meu lado. Inclusive não temo dizer que penso não precisar ganhar senão outras duas ou três semelhantes para realizar inteiramente meus propósitos; e que minha idade não é tão avançada que, segundo o curso ordinário da natureza, não tenha ainda tempo suficiente para realizá-los. Mas vejo-me tanto mais obrigado a poupar o tempo que me resta quanto maior a esperança de poder empregá-lo bem; e certamente eu teria várias ocasiões de desperdiçá-lo, se publicasse os fundamentos da minha física. Pois, embora quase todos sejam tão evidentes que basta entendê-los para aceitá-los, não havendo nenhum de que eu pense não poder dar demonstrações, mesmo assim, porque é impossível serem conformes com todas as diversas opiniões dos outros homens, prevejo que eu seria com frequência malcompreendido pelas oposições que eles fariam nascer.

Pode-se dizer que essas oposições seriam úteis, tanto para me fazerem conhecer minhas faltas quanto, se eu fizesse algo de bom, para que os outros o compreendessem melhor e, assim como vários podem ver melhor que um homem só, me ajudassem também com suas invenções, começando desde já a servir-se do que fiz. Mas, embora eu reconheça que sou extremamente sujeito a falhar e quase nunca confie nos primeiros pensamentos que me vêm, a experiência que tenho das objeções que podem me fazer me impede, ainda assim, de esperar delas algum proveito; pois muitas vezes já experimentei julgamentos, tanto daqueles que eu tinha por amigos quanto de outros a quem pensava ser indiferente, e mesmo também de alguns que eu sabia que a malignidade e a inveja se esforçariam por revelar o que a afeição ocultaria a meus amigos; mas raramente aconteceu que alguém me objetasse algo que eu não tivesse de modo algum previsto, a menos que estivesse muito afastado do meu tema; de modo que quase nunca deparei com um censor de minhas opiniões que não me parecesse ou menos rigoroso ou menos justo que eu mesmo. E também nunca observei que, por meio das disputas praticadas nas escolas, se tenha descoberto alguma verdade antes ignorada; pois, quando cada um trata de vencer, há mais interesse em fazer valer a verossimilhança do que em pesar as razões de uma parte e da outra; e os que por muito tempo foram bons advogados nem por isso se tornam, depois, melhores juízes.

Quanto à utilidade que os outros receberiam da comunicação de meus pensamentos, ela também não poderia ser muito grande, na medida em que ainda não os levei tão longe, havendo necessidade de acrescentar muitas coisas antes de colocá-los em uso. E penso poder dizer sem vaidade que, se há alguém capaz disso, há de ser eu e não um outro qualquer: não que não possa haver no mundo espíritos incomparavelmente melhores que o meu, mas porque não se poderia conceber tão bem uma coisa e torná-la sua, quando aprendida de um outro, como quando a inventamos nós mesmos. E isto é muito verdadeiro nesta matéria, pois, embora com frequência eu tenha explicado algumas de minhas opiniões a pessoas de muito bom espírito, e enquanto lhes falava pareciam entendê-las muito distintamente, no entanto, quando as repetiram, observei que quase sempre as alteravam, de tal modo que eu não as podia mais admitir como minhas. Em vista disso, quero aqui rogar nossos descendentes a não crer jamais que as coisas que lhes disserem vêm de mim, quando eu mesmo não as tiver divulgado. E não me surpreendo de maneira alguma com as extravagâncias que atribuem àqueles antigos filósofos[27], dos quais não temos os escritos, nem julgo por isso que seus pensamentos tenham sido muito desarrazoados, pois figuravam entre os melhores espíritos de seu tempo, mas apenas que esses pensamentos nos foram maltransmitidos. O que se percebe também pelo fato de nenhum de seus adeptos os ter superado; e estou certo de que os mais apaixonados seguidores de Aristóteles se sentiriam agora felizes se tivessem tanto conhecimento da natureza quanto ele teve, nem que fosse com a condição de nunca o terem mais. Eles são como a hera, que não tende a subir mais alto que as árvores que a sustentam, e com frequência torna a descer após chegar ao topo; pois parece-me também que esses seguidores tornam a descer, isto é, tornam-se de certo modo menos sabedores do que se tivessem se abstido de estudar, eles que, não contentes de saber tudo que é inteligivelmente explicado em seu autor, querem além disso extrair-lhe a solução de várias dificuldades sobre as quais ele nada diz e nas quais talvez nunca pensou. Todavia essa maneira de filosofar só é muito cômoda para os que possuem espíritos bastante medíocres; pois a obscuridade das distinções e dos princípios de que se servem é causa de poderem falar de tudo tão ousadamente como se soubessem, e de sustentarem o que dizem contra os mais sutis e mais hábeis, sem que haja meio de con-

---

27. Alusão provável a Demócrito. (N.T.)

vencê-los. Nisto eles me parecem semelhantes a um cego que, para lutar sem desvantagem contra alguém que enxerga, o levasse ao fundo de uma adega bastante escura; e posso dizer que esses têm interesse de que eu me abstenha de publicar os princípios da filosofia que utilizo, pois, sendo muito simples e muito evidentes como são, eu faria quase o mesmo, ao publicá-los, que abrir algumas janelas e deixar entrar luz nessa adega aonde desceram para lutar. Mas mesmo os melhores espíritos não têm ocasião de desejar conhecer tais princípios: pois, se querem saber falar de tudo e adquirir a reputação de doutos, chegarão a isso mais facilmente contentando-se com a verossimilhança, que pode ser encontrada sem dificuldade em todo tipo de matérias, do que buscando a verdade, que só se descobre aos poucos, em algumas, e que obriga, quando se trata de falar das outras, a confessar francamente a ignorância. Se preferirem o conhecimento de umas poucas verdades à vaidade de nada parecerem ignorar, como certamente é preferível, e quiserem seguir um propósito semelhante ao meu, eles não precisam para tanto que eu lhes diga algo mais do que já disse neste discurso. Pois, se forem capazes de ir mais além do que fui, também o serão, com mais forte razão, de encontrar eles mesmos tudo que penso ter encontrado. Tendo sempre examinado tudo por ordem, é certo que o que me resta ainda a descobrir é em si mais difícil e mais oculto que o que pude até agora encontrar, e eles teriam bem menos prazer de aprendê-lo de mim do que deles próprios; além disso, o hábito que adquirirão, buscando primeiro as coisas fáceis e passando aos poucos, gradativamente, a outras mais difíceis, lhes servirá mais do que todas as minhas instruções poderiam fazê-lo. Pois, quanto a mim, estou convencido de que, se tivessem me ensinado desde a juventude todas as verdades cujas demonstrações busquei depois, e se não tivesse tido nenhuma dificuldade de aprendê-las, talvez jamais tivesse sabido de algumas outras, pelo menos jamais teria adquirido o hábito e a facilidade que penso ter de sempre encontrar novas verdades, à medida que me dedico a buscá-las. E, numa palavra, se há no mundo alguma obra que não pode ser tão bem-acabada por ninguém mais senão o mesmo que a começou, é aquela na qual trabalho.

É verdade que, relativamente às experiências que podem servir para isso, um homem só não seria suficiente para fazê-las todas; mas ele tampouco poderia empregar outras mãos além das suas, a não ser as dos artesãos ou pessoas a quem pudesse pagar, e a quem a esperança do ganho, que é um meio muito eficaz, faria executar tudo que lhes fosse prescrito. Pois, quanto aos voluntários que, por curiosidade ou desejo de aprender, talvez se oferecessem para ajudá-lo, além de geralmente ficarem só nas promessas e fazerem apenas belas proposições sem que nenhuma tenha êxito, eles infalivelmente quereriam ser pagos pela explicação de algumas dificuldades, ou pelo menos por visitas e conversas inúteis, que lhe tomariam tempo, por menos que fosse. E, quanto às experiências que outros já fizeram, ainda que as quisessem comunicar, o que jamais fariam os que as denominam segredos, em sua maior parte elas se compõem de tantas circunstâncias ou ingredientes supérfluos que lhe seria muito difícil decifrar sua verdade; além do mais, lhe pareceriam quase todas tão mal-explicadas ou mesmo falsas, pois os que as fizeram se esforçaram por fazê-las conformes a seus princípios, que, se houvesse algumas que lhe servissem, não poderiam mais uma vez valer o tempo que teria de dedicar para escolhê-las. De modo que, se houvesse no mundo alguém seguramente capaz de descobrir as coisas mais importantes e úteis ao público que possam existir, e que, por essa razão, os outros homens se esforçassem por todos os meios de ajudá-lo a realizar seus propósitos, não vejo que estes pudessem fazer algo mais por ele senão custear-lhe as experiências necessárias e, de resto, impedir que seu tempo lhe fosse tirado pela importunidade de alguém. Mas, sem contar que não presumo tanto de mim mesmo para querer prometer algo de extraordinário, nem alimento pensamentos tão vãos para imaginar que o público deva se interessar muito por meus propósitos, tampouco tenho a alma tão baixa para querer aceitar de quem quer que seja algum favor que possam julgar que eu não teria merecido.

Todas essas considerações juntas fizeram que, há três anos, eu não quisesse divulgar o tratado que tinha nas mãos, e mesmo que tomasse a resolução de não publicar nenhum em minha vida que fosse tão geral, nem do qual se pudesse conhecer os fundamentos de minha física. Mas houve desde então, novamente, duas outras razões que me obrigaram a colocar aqui alguns ensaios particulares, e a prestar contas ao público de minhas ações e de meus propósitos. A primeira é que, se não o fizesse, muitos, que sabiam da intenção que eu tinha antes de fazer imprimir alguns escritos, poderiam imaginar que as causas pelas quais me abstenho seriam mais em meu desabono do que o são. Pois, embora eu não goste da glória em excesso, e até mesmo, se ouso dizer, a odeie, por julgá-la contrária ao repouso, o qual aprecio acima de todas as coisas, todavia nunca procurei ocultar minhas ações como crimes, nem usei de muitas precauções para ser desconhecido; isto, tanto por acreditar que me faria mal quanto por me causar alguma espécie de inquietude, o que mais uma vez teria sido contrário ao repouso de espírito que busco. E como, tendo sempre me mantido indiferente entre o cuidado de ser conhecido ou de não o ser, não pude impedir que eu adquirisse alguma espécie de reputação, achei que devia fazer o melhor possível para isentar-me, ao menos, de tê-la má. A outra razão que me obrigou a escrever este livro é que, percebendo a cada dia, cada vez mais, o retardamento no propósito que tenho de instruir-me, por causa de uma infinidade de experiências de que necessito, e sendo impossível fazê-lo sem a ajuda de outrem, também não quero, embora não me lisonjeie tanto a ponto de esperar que o público participe de meus interesses, faltar a mim mesmo dando motivo, aos que me sobreviverão, de me reprovarem algum dia por não lhes ter deixado coisas muito melhores do que deixei, se não tivesse negligenciado fazê-los compreender de que maneira podiam contribuir a meus propósitos.

E pensei que me era fácil escolher algumas matérias que, sem estarem sujeitas a muitas controvérsias, nem me obrigarem a declarar meus princípios mais do que desejo, não deixariam de fazer ver bastante claramente o que posso, ou não posso, nas ciências. Nisto eu não saberia dizer se fui bem-sucedido, e não quero de modo algum predispor o julgamento de ninguém, falando eu mesmo de meus escritos; mas me agradaria muito que os examinassem, e, a fim de que tenham mais ocasião para tanto, suplico a todos que tiverem objeções a fazer que se deem o trabalho de enviá-las a meu livreiro, através de quem, avisado, tratarei de dar-lhes minha resposta ao mesmo tempo; e desse modo meus leitores, vendo juntas uma e outra, julgarão tanto mais facilmente a verdade. Pois prometo nunca dar respostas longas, mas apenas admitir meus erros com bastante franqueza, se os reconhecer, ou, se não os puder perceber, dizer simplesmente o que julgar necessário para a defesa das coisas que escrevi, sem acrescentar a explicação de alguma nova matéria, a fim de não me envolver interminavelmente de uma a outra.

Se algumas das que falei, no começo de *Dióptrica* e d'*Os meteoros*[28], chocam de início, porque as deno-

---

28. Fazem parte de *Ensaios* que Descartes redige e publica juntamente com o *Discurso*, em 1637, e que servem de ilustração do método. (N.T.)

mino suposições e pareço não ter vontade de prová-las, que se tenha paciência de ler tudo com atenção, e confio que todos ficarão satisfeitos. Pois penso que as razões se seguem de tal maneira que, assim como as últimas são demonstradas pelas primeiras, que são suas causas, essas primeiras o são reciprocamente pelas últimas, que são seus efeitos. E não se deve imaginar que cometo nesse ponto a falta que os lógicos chamam um círculo; pois, como a experiência torna a maioria desses efeitos muito certos, as causas das quais os deduzo não servem tanto para prová-los como servem para explicá-los; muito pelo contrário, são elas que são provadas por eles. E só as denominei suposições para que saibam que penso poder deduzi-las daquelas primeiras verdades acima explicadas, mas que quis expressamente não fazê-lo para que alguns espíritos, que imaginam saber num dia tudo que um outro pensou em vinte anos com só dizer-lhes duas ou três palavras a respeito, e por isso tanto mais sujeitos a falhar, e menos capazes da verdade, quanto mais vivos e penetrantes forem, não possam encontrar aí ocasião de construir uma filosofia extravagante sobre o que acreditam ser meus princípios, e fazer que outros me culpem por isso. Pois, quanto às opiniões que são inteiramente minhas, não as justifico de modo algum como novas, na medida em que, se considerarem bem suas razões, tenho certeza de que as acharão simples e conformes ao senso comum, e que parecerão menos extraordinárias e estranhas do que outras que se pode ter sobre os mesmos assuntos. E tampouco me orgulho de ser o primeiro inventor de qualquer delas, mas sim de jamais tê-las aceitado, não porque foram ditas por outros ou porque o pudessem ter sido, mas apenas porque a razão me persuadiu a aceitá-las.

Se os artesãos não puderem tão cedo executar a invenção[29] que é explicada em *Dióptrica*, nem por isso creio que se possa dizer que ela seja má: pois, como é preciso habilidade e hábito para fazer e ajustar as máquinas que descrevi, sem nelas faltar nenhuma circunstância, eu me surpreenderia se tivessem êxito na primeira tentativa, tanto quanto se alguém pudesse aprender, num dia, a tocar excelentemente o alaúde, pelo simples fato de lhe darem uma boa tablatura. E, se escrevo em francês, que é a língua de meu país, e não em latim, que é a de meus preceptores, é porque espero que os que se servem apenas de sua pura razão natural julgarão melhor minhas opiniões que os que creem apenas nos livros antigos. E, quanto aos que juntam o bom-senso com o estudo, os únicos que desejo como meus juízes, estou certo de que não serão tão parciais em relação ao latim que recusem ouvir minhas razões porque as explico em língua vulgar.

De resto, não quero falar aqui, em particular, dos progressos que tenho a esperança de fazer futuramente nas ciências, nem fazer em relação ao público nenhuma promessa que não esteja seguro de cumprir; direi apenas que resolvi empregar o tempo que me resta tão somente procurando adquirir algum

---

29. Trata-se da máquina de talhar vidros hiperbólicos, no Discurso X de *Dióptrica*. (N.T.)

conhecimento da natureza, que seja tal que dele se possam tirar regras para a medicina, mais seguras que as adotadas até o presente, e que minha inclinação me distancia tanto de qualquer outro tipo de propósito, principalmente dos que só poderiam ser úteis a uns prejudicando outros, que, se algumas circunstâncias forçassem a dedicar-me a isso, não creio que fosse capaz de ser bem-sucedido. Com o que faço aqui uma declaração, que sei perfeitamente não poder servir para tornar-me considerável no mundo, mas também não tenho vontade nenhuma de sê-lo; e me sentirei sempre mais obrigado com aqueles por cujo favor desfrutarei meu tempo sem empecilhos do que me sentiria com aqueles que me oferecessem os mais honrosos empregos da Terra.

FIM

Cronologia

1596 (31 de março) – Nascimento de René Descartes em La Haye, na província francesa de Touraine (hoje, essa comuna da região do Indre-et-Loire chama-se Descartes). O pai é conselheiro no parlamento da Bretanha. A mãe morre um ano após seu nascimento. Descartes é educado em La Haye pela avó.

1607-1615 – Estudos no colégio La Flèche, dos jesuítas, fundado em 1604 por Henrique IV.

1611 – Por ocasião de uma cerimônia, é lido no La Flèche um poema seu que relata a observação por Galileu dos satélites de Júpiter.

1616 (9 e 10 de novembro) – Bacharelado e licenciatura em direito, em Poitiers (as teses foram redescobertas em 1986, em Poitiers).

1618 – Descartes junta-se ao exército de Maurício de Nassau, em Breda, onde irá conhecer Isaac Beeckman. Trabalhos de matemática, de música (*Compendium musicae*), de hidrostática e de física geral.

1619 – Viagem pela Alemanha, passando pela Dinamarca. Descartes assiste à coroação do imperador Fernando II em Frankfurt. Três sonhos, datados de 10 de novembro, revelam a Descartes os "fundamentos de uma ciência admirável"; projetos de uma reforma do saber, especialmente em matemática (classificação das curvas), expostos em cartas a Isaac Beeckman.

1620-1625 – Viagens pela França e pela Itália. Em 1621, Descartes abandona o exército. Nesse período empreende vários tratados, dos quais restam apenas algumas anotações.

1625-1627 – Temporada em Paris, onde Descartes faz amizade com Mersenne, Guez de Balzac, além de vários estudiosos, engenheiros e teólogos. Em novembro de 1627, assiste na casa do núncio do papa a uma conferência de Chandoux, que professa uma filosofia nova, e fica conhecendo o cardeal Bérulle, a quem expõe uma "regra universal" ou "método natural".

1627-1628 – Viagem à Bretanha e às Províncias Unidas (a atual Holanda), onde se instala. Supõe-se geralmente que a composição de *Regulae ad directionem ingenii* (*Regras para a direção do espírito*), que ficaram inacabadas, remonta a esse período.

1629 (26 de abril) – Descartes se inscreve na universidade de Franeker, na Frísia. Empreende durante o ano um *Tratado de metafísica*, que interrompe para o estudo dos meteoros. Paralelamente, interessa-se pela manufatura dos vidros. Instala-se em Amsterdã, no outono, e começa a fazer dissecções com o médico Plemp. Empreende uma física completa, que será *Tratado do mundo* (juntamente com *Tratado do homem*).

1630 – Inscrição na universidade de Leyde (27 de junho). Encontro com o matemático Golius, que lhe irá propor, como a outros matemáticos da época, o problema dito de Pappus. Descartes envia sua solução em janeiro de 1632.

1633 – Condenação de Galileu em Roma. Descartes abandona pouco depois seu projeto de publicar, em vida, *Tratado do mundo*.

1633-1636 – Temporada em Amsterdã. Nascimento, em 1635, da filha Francine (que morrerá em 1640), cuja mãe, Hélène, é uma empregada doméstica. Temporada em Utrecht, no verão de 1635. Descartes se instala em Leyde, na primavera de 1636, para fazer imprimir e terminar a redação de *Discurso do método* e de *Ensaios* (*Dióptrica*, *Meteoros* e *Geometria*).

1637 (8 de junho) – Término da impressão da obra. Descartes oferece a Huygens, em outubro, uma carta sobre a Mecânica (*Explicação das máquinas com a ajuda das quais se pode com uma pequena força erguer um fardo muito pesado*).

1639-1640 – Redação de *Meditationes de prima philosophia*. Mersenne recolhe objeções junto a filósofos e teólogos.

1640 – Participação na querela matemática de Stampioen e de Waessenaer, relativa à extração da raiz cúbica dos binômios. Morte do pai de Descartes, em 17 de outubro.

1641 – Publicação em Paris de *Meditationes de prima philosophia qua Dei existentia et animae immortalitas demonstratur* (*Meditações de filosofia primeira em que são demonstradas a existência de Deus e a imortalidade da alma*), terminadas de imprimir em 28 de agosto de 1641. Descartes se instala em Endegeest, próximo a Leyde, onde ficará até abril de 1643.

1642 – Início da querela de Utrecht. Descartes defende Regius contra Voetius, reitor da universidade de Utrecht. Condenação, em 15 de março de 1642, da nova filosofia pelos magistrados de Utrecht. Essa querela irá durar até 1648.

1643 – Martin Shoock, partidário de Voetius, publica seu *Admiranda Methodus*, que afirma, em conclusão, que a filosofia cartesiana conduz ao ceticismo, ao ateísmo e à loucura. Descartes publica uma *Carta a Voetius*. Início da correspondência com a princesa Elisabeth.

1644 – Temporada na França. Publicação de *Principia philosophiae*, acompanhando a tradução latina de *Discurso*, *Dióptrica* e *Os meteoros* (*Geometria* só será traduzida em latim em 1649).

1645-1646 – Descartes empreende um tratado sobre as paixões da alma, a pedido de Elisabeth.

1647 – Publicação em Paris de *Meditações metafísicas*, traduzidas pelo duque de Luynes. As objeções e as respostas, abreviadas, são traduzidas por Clerselier. Publicação, no verão, de *Princípios da filosofia*, traduzidos pelo abade Picot, e acompanhados de uma carta-prefácio ao tradutor. De junho a novembro, temporada na França.

1647-1648 – Redação de *Descrição do corpo humano*.

1648 – *Carta apologética* aos magistrados de Utrecht. Texto polêmico contra Regius, seu ex-discípulo. Conversa com F. Burman, que será reunida em notas e publicada no século 20. De maio a agosto, Descartes faz mais uma temporada na França. Morte de Mersenne, em setembro.

1649 (setembro) – Às instâncias da rainha Cristina, Descartes resolve reunir-se à corte de Estocolmo, onde suas lições são programadas para as cinco horas da manhã. Publicação, em novembro, de *Paixões da alma*.

1650 (11 de fevereiro) – Descartes morre de pneumonia em Estocolmo. O inventário dos papéis por ele deixados contém a menção de textos cujo teor exato e a data são incertos. Entre os inéditos, *Compendium Musicae* é publicado já em 1650; três volumes de cartas, em 1657, 1659 e 1667; a tradução latina de *O homem*, em 1662, e o original francês, em 1664; *O mundo ou tratado da luz*, em 1664, e, em 1701, *Regulae*. Desde o século 17 publicam-se traduções, em inglês e em holandês principalmente, que aparecem às vezes antes dos originais.

Coleção L&PM POCKET

1000. **Diários de Andy Warhol (1)** – Editado por Pat Hackett
1001. **Diários de Andy Warhol (2)** – Editado por Pat Hackett
1002. **Cartier-Bresson: o olhar do século** – Pierre Assouline
1003. **As melhores histórias da mitologia: vol. 1** – A.S. Franchini e Carmen Seganfredo
1004. **As melhores histórias da mitologia: vol. 2** – A.S. Franchini e Carmen Seganfredo
1005. **Assassinato no beco** – Agatha Christie
1006. **Convite para um homicídio** – Agatha Christie
1008. **História da vida** – Michael J. Benton
1009. **Jung** – Anthony Stevens
1010. **Arsène Lupin, ladrão de casaca** – Maurice Leblanc
1011. **Dublinenses** – James Joyce
1012. **120 tirinhas da Turma da Mônica** – Mauricio de Sousa
1013. **Antologia poética** – Fernando Pessoa
1014. **A aventura de um cliente ilustre** *seguido de* **O último adeus de Sherlock Holmes** – Sir Arthur Conan Doyle
1015. **Cenas de Nova York** – Jack Kerouac
1016. **A corista** – Anton Tchékhov
1017. **O diabo** – Leon Tolstói
1018. **Fábulas chinesas** – Sérgio Capparelli e Márcia Schmaltz
1019. **O gato do Brasil** – Sir Arthur Conan Doyle
1020. **Missa do Galo** – Machado de Assis
1021. **O mistério de Marie Rogêt** – Edgar Allan Poe
1022. **A mulher mais linda da cidade** – Bukowski
1023. **O retrato** – Nicolai Gogol
1024. **O conflito** – Agatha Christie
1025. **Os primeiros casos de Poirot** – Agatha Christie
1027. (25). **Beethoven** – Bernard Fauconnier
1028. **Platão** – Julia Annas
1029. **Cleo e Daniel** – Roberto Freire
1030. **Til** – José de Alencar
1031. **Viagens na minha terra** – Almeida Garrett
1032. **Profissões para mulheres e outros artigos feministas** – Virginia Woolf
1033. **Mrs. Dalloway** – Virginia Woolf
1034. **O cão da morte** – Agatha Christie
1035. **Tragédia em três atos** – Agatha Christie
1037. **O fantasma da Ópera** – Gaston Leroux
1038. **Evolução** – Brian e Deborah Charlesworth
1039. **Medida por medida** – Shakespeare
1040. **Razão e sentimento** – Jane Austen
1041. **A obra-prima ignorada** *seguido de* **Um episódio durante o Terror** – Balzac
1042. **A fugitiva** – Anaïs Nin
1043. **As grandes histórias da mitologia greco-romana** – A. S. Franchini
1044. **O corno de si mesmo & outras historietas** – Marquês de Sade
1045. **Da felicidade** *seguido de* **Da vida retirada** – Sêneca
1046. **O horror em Red Hook e outras histórias** – H. P. Lovecraft
1047. **Noite em claro** – Martha Medeiros
1048. **Poemas clássicos chineses** – Li Bai, Du Fu e Wang Wei
1049. **A terceira moça** – Agatha Christie
1050. **Um destino ignorado** – Agatha Christie
1051. (26). **Buda** – Sophie Royer
1052. **Guerra Fria** – Robert J. McMahon
1053. **Simons's Cat: as aventuras de um gato travesso e comilão – vol. 1** – Simon Tofield
1054. **Simons's Cat: as aventuras de um gato travesso e comilão – vol. 2** – Simon Tofield
1055. **Só as mulheres e as baratas sobreviverão** – Claudia Tajes
1057. **Pré-história** – Chris Gosden
1058. **Pintou sujeira!** – Mauricio de Sousa
1059. **Contos de Mamãe Gansa** – Charles Perrault
1060. **A interpretação dos sonhos: vol. 1** – Freud
1061. **A interpretação dos sonhos: vol. 2** – Freud
1062. **Frufru Rataplã Dolores** – Dalton Trevisan
1063. **As melhores histórias da mitologia egípcia** – Carmem Seganfredo e A.S. Franchini
1064. **Infância. Adolescência. Juventude** – Tolstói
1065. **As consolações da filosofia** – Alain de Botton
1066. **Diários de Jack Kerouac – 1947-1954**
1067. **Revolução Francesa – vol. 1** – Max Gallo
1068. **Revolução Francesa – vol. 2** – Max Gallo
1069. **O detetive Parker Pyne** – Agatha Christie
1070. **Memórias do esquecimento** – Flávio Tavares
1071. **Drogas** – Leslie Iversen
1072. **Manual de ecologia (vol.2)** – J. Lutzenberger
1073. **Como andar no labirinto** – Affonso Romano de Sant'Anna
1074. **A orquídea e o serial killer** – Juremir Machado da Silva
1075. **Amor nos tempos de fúria** – Lawrence Ferlinghetti
1076. **A aventura do pudim de Natal** – Agatha Christie
1078. **Amores que matam** – Patricia Faur
1079. **Histórias de pescador** – Mauricio de Sousa
1080. **Pedaços de um caderno manchado de vinho** – Bukowski
1081. **A ferro e fogo: tempo de solidão (vol.1)** – Josué Guimarães
1082. **A ferro e fogo: tempo de guerra (vol.2)** – Josué Guimarães
1084. (17). **Desembarcando o Alzheimer** – Dr. Fernando Lucchese e Dra. Ana Hartmann
1085. **A maldição do espelho** – Agatha Christie
1086. **Uma breve história da filosofia** – Nigel Warburton
1088. **Heróis da História** – Will Durant
1089. **Concerto campestre** – L. A. de Assis Brasil

1090. **Morte nas nuvens** – Agatha Christie
1092. **Aventura em Bagdá** – Agatha Christie
1093. **O cavalo amarelo** – Agatha Christie
1094. **O método de interpretação dos sonhos** – Freud
1095. **Sonetos de amor e desamor** – Vários
1096. **120 tirinhas do Dilbert** – Scott Adams
1097. **200 fábulas de Esopo**
1098. **O curioso caso de Benjamin Button** – F. Scott Fitzgerald
1099. **Piadas para sempre: uma antologia para morrer de rir** – Visconde da Casa Verde
1100. **Hamlet (Mangá)** – Shakespeare
1101. **A arte da guerra (Mangá)** – Sun Tzu
1104. **As melhores histórias da Bíblia (vol.1)** – A. S. Franchini e Carmen Seganfredo
1105. **As melhores histórias da Bíblia (vol.2)** – A. S. Franchini e Carmen Seganfredo
1106. **Psicologia das massas e análise do eu** – Freud
1107. **Guerra Civil Espanhola** – Helen Graham
1108. **A autoestrada do sul e outras histórias** – Julio Cortázar
1109. **O mistério dos sete relógios** – Agatha Christie
1110. **Peanuts: Ninguém gosta de mim... (amor)** – Charles Schulz
1111. **Cadê o bolo?** – Mauricio de Sousa
1112. **O filósofo ignorante** – Voltaire
1113. **Totem e tabu** – Freud
1114. **Filosofia pré-socrática** – Catherine Osborne
1115. **Desejo de status** – Alain de Botton
1118. **Passageiro para Frankfurt** – Agatha Christie
1120. **Kill All Enemies** – Melvin Burgess
1121. **A morte da sra. McGinty** – Agatha Christie
1122. **Revolução Russa** – S. A. Smith
1123. **Até você, Capitu?** – Dalton Trevisan
1124. **O grande Gatsby (Mangá)** – F. S. Fitzgerald
1125. **Assim falou Zaratustra (Mangá)** – Nietzsche
1126. **Peanuts: É para isso que servem os amigos (amizade)** – Charles Schulz
1127(27). **Nietzsche** – Dorian Astor
1128. **Bidu: Hora do banho** – Mauricio de Sousa
1129. **O melhor do Macanudo Taurino** – Santiago
1130. **Radicci 30 anos** – Iotti
1131. **Show de sabores** – J.A. Pinheiro Machado
1132. **O prazer das palavras** – vol. 3 – Cláudio Moreno
1133. **Morte na praia** – Agatha Christie
1134. **O fardo** – Agatha Christie
1135. **Manifesto do Partido Comunista (Mangá)** – Marx & Engels
1136. **A metamorfose (Mangá)** – Franz Kafka
1137. **Por que você não se casou... ainda** – Tracy McMillan
1138. **Textos autobiográficos** – Bukowski
1139. **A importância de ser prudente** – Oscar Wilde
1140. **Sobre a vontade na natureza** – Arthur Schopenhauer
1141. **Dilbert (8)** – Scott Adams
1142. **Entre dois amores** – Agatha Christie
1143. **Cipreste triste** – Agatha Christie
1144. **Alguém viu uma assombração?** – Mauricio de Sousa
1145. **Mandela** – Elleke Boehmer
1146. **Retrato do artista quando jovem** – James Joyce
1147. **Zadig ou o destino** – Voltaire
1148. **O contrato social (Mangá)** – J.-J. Rousseau
1149. **Garfield fenomenal** – Jim Davis
1150. **A queda da América** – Allen Ginsberg
1151. **Música na noite & outros ensaios** – Aldous Huxley
1152. **Poesias inéditas & Poemas dramáticos** – Fernando Pessoa
1153. **Peanuts: Felicidade é...** – Charles M. Schulz
1154. **Mate-me por favor** – Legs McNeil e Gillian McCain
1155. **Assassinato no Expresso Oriente** – Agatha Christie
1156. **Um punhado de centeio** – Agatha Christie
1157. **A interpretação dos sonhos (Mangá)** – Freud
1158. **Peanuts: Você não entende o sentido da vida** – Charles M. Schulz
1159. **A dinastia Rothschild** – Herbert R. Lottman
1160. **A Mansão Hollow** – Agatha Christie
1161. **Nas montanhas da loucura** – H.P. Lovecraft
1162(28). **Napoleão Bonaparte** – Pascale Fautrier
1163. **Um corpo na biblioteca** – Agatha Christie
1164. **Inovação** – Mark Dodgson e David Gann
1165. **O que toda mulher deve saber sobre os homens: a afetividade masculina** – Walter Riso
1166. **O amor está no ar** – Mauricio de Sousa
1167. **Testemunha de acusação & outras histórias** – Agatha Christie
1168. **Etiqueta de bolso** – Celia Ribeiro
1169. **Poesia reunida (volume 3)** – Affonso Romano de Sant'Anna
1170. **Emma** – Jane Austen
1171. **Que seja um segredo** – Ana Miranda
1172. **Garfield sem apetite** – Jim Davis
1173. **Garfield: Foi mal...** – Jim Davis
1174. **Os irmãos Karamázov (Mangá)** – Dostoiévski
1175. **O Pequeno Príncipe** – Antoine de Saint-Exupéry
1176. **Peanuts: Ninguém mais tem o espírito aventureiro** – Charles M. Schulz
1177. **Assim falou Zaratustra** – Nietzsche
1178. **Morte no Nilo** – Agatha Christie
1179. **Ê, soneca boa** – Mauricio de Sousa
1180. **Garfield a todo o vapor** – Jim Davis
1181. **Em busca do tempo perdido (Mangá)** – Proust
1182. **Cai o pano: o último caso de Poirot** – Agatha Christie
1183. **Livro para colorir e relaxar** – Livro 1
1184. **Para colorir sem parar**
1185. **Os elefantes não esquecem** – Agatha Christie
1186. **Teoria da relatividade** – Albert Einstein
1187. **Compêndio da psicanálise** – Freud
1188. **Visões de Gerard** – Jack Kerouac
1189. **Fim de verão** – Mohiro Kitoh
1190. **Procurando diversão** – Mauricio de Sousa
1191. **E não sobrou nenhum e outras peças** – Agatha Christie
1192. **Ansiedade** – Daniel Freeman & Jason Freeman

1193. Garfield: pausa para o almoço – Jim Davis
1194. Contos do dia e da noite – Guy de Maupassant
1195. O melhor de Hagar 7 – Dik Browne
1196.(29). Lou Andreas-Salomé – Dorian Astor
1197.(30). Pasolini – René de Ceccatty
1198. O caso do Hotel Bertram – Agatha Christie
1199. Crônicas de motel – Sam Shepard
1200. Pequena filosofia da paz interior – Catherine Rambert
1201. Os sertões – Euclides da Cunha
1202. Treze à mesa – Agatha Christie
1203. Bíblia – John Riches
1204. Anjos – David Albert Jones
1205. As tirinhas do Guri de Uruguaiana 1 – Jair Kobe
1206. Entre aspas (vol.1) – Fernando Eichenberg
1207. Escrita – Andrew Robinson
1208. O spleen de Paris: pequenos poemas em prosa – Charles Baudelaire
1209. Satíricon – Petrônio
1210. O avarento – Molière
1211. Queimando na água, afogando-se na chama – Bukowski
1212. Miscelânea septuagenária: contos e poemas – Bukowski
1213. Que filosofar é aprender a morrer e outros ensaios – Montaigne
1214. Da amizade e outros ensaios – Montaigne
1215. O medo à espreita e outras histórias – H.P. Lovecraft
1216. A obra de arte na era de sua reprodutibilidade técnica – Walter Benjamin
1217. Sobre a liberdade – John Stuart Mill
1218. O segredo de Chimneys – Agatha Christie
1219. Morte na rua Hickory – Agatha Christie
1220. Ulisses (Mangá) – James Joyce
1221. Ateísmo – Julian Baggini
1222. Os melhores contos de Katherine Mansfield – Katherine Mansfield
1223.(31). Martin Luther King – Alain Foix
1224. Millôr Definitivo: uma antologia de A Bíblia do Caos – Millôr Fernandes
1225. O Clube das Terças-Feiras e outras histórias – Agatha Christie
1226. Por que sou tão sábio – Nietzsche
1227. Sobre a mentira – Platão
1228. Sobre a leitura seguido do Depoimento de Céleste Albaret – Proust
1229. O homem do terno marrom – Agatha Christie
1230.(32). Jimi Hendrix – Franck Médioni
1231. Amor e amizade e outras histórias – Jane Austen
1232. Lady Susan, Os Watson e Sanditon – Jane Austen
1233. Uma breve história da ciência – William Bynum
1234. Macunaíma: o herói sem nenhum caráter – Mário de Andrade
1235. A máquina do tempo – H.G. Wells
1236. O homem invisível – H.G. Wells
1237. Os 36 estratagemas: manual secreto da arte da guerra – Anônimo
1238. A mina de ouro e outras histórias – Agatha Christie
1239. Pic – Jack Kerouac
1240. O habitante da escuridão e outros contos – H.P. Lovecraft
1241. O chamado de Cthulhu e outros contos – H.P. Lovecraft
1242. O melhor de Meu reino por um cavalo! – Edição de Ivan Pinheiro Machado
1243. A guerra dos mundos – H.G. Wells
1244. O caso da criada perfeita e outras histórias – Agatha Christie
1245. Morte por afogamento e outras histórias – Agatha Christie
1246. Assassinato no Comitê Central – Manuel Vázquez Montalbán
1247. O papai é pop – Marcos Piangers
1248. O papai é pop 2 – Marcos Piangers
1249. A mamãe é rock – Ana Cardoso
1250. Paris boêmia – Dan Franck
1251. Paris libertária – Dan Franck
1252. Paris ocupada – Dan Franck
1253. Uma anedota infame – Dostoiévski
1254. O último dia de um condenado – Victor Hugo
1255. Nem só de caviar vive o homem – J.M. Simmel
1256. Amanhã é outro dia – J.M. Simmel
1257. Mulherzinhas – Louisa May Alcott
1258. Reforma Protestante – Peter Marshall
1259. História econômica global – Robert C. Allen
1260.(33). Che Guevara – Alain Foix
1261. Câncer – Nicholas James
1262. Akhenaton – Agatha Christie
1263. Aforismos para a sabedoria de vida – Arthur Schopenhauer
1264. Uma história do mundo – David Coimbra
1265. Ame e não sofra – Walter Riso
1266. Desapegue-se! – Walter Riso
1267. Os Sousa: Uma famíla do barulho – Mauricio de Sousa
1268. Nico Demo: O rei da travessura – Mauricio de Sousa
1269. Testemunha de acusação e outras peças – Agatha Christie
1270.(34). Dostoiévski – Virgil Tanase
1271. O melhor de Hagar 8 – Dik Browne
1272. O melhor de Hagar 9 – Dik Browne
1273. O melhor de Hagar 10 – Dik e Chris Browne
1274. Considerações sobre o governo representativo – John Stuart Mill
1275. O homem Moisés e a religião monoteísta – Freud
1276. Inibição, sintoma e medo – Freud
1277. Além do princípio de prazer – Freud
1278. O direito de dizer não! – Walter Riso

1279. **A arte de ser flexível** – Walter Riso
1280. **Casados e descasados** – August Strindberg
1281. **Da Terra à Lua** – Júlio Verne
1282. **Minhas galerias e meus pintores** – Kahnweiler
1283. **A arte do romance** – Virginia Woolf
1284. **Teatro completo v. 1: As aves da noite** *seguido de* **O visitante** – Hilda Hilst
1285. **Teatro completo v. 2: O verdugo** *seguido de* **A morte do patriarca** – Hilda Hilst
1286. **Teatro completo v. 3: O rato no muro** *seguido de* **Auto da barca de Camiri** – Hilda Hilst
1287. **Teatro completo v. 4: A empresa** *seguido de* **O novo sistema** – Hilda Hilst
1289. **Fora de mim** – Martha Medeiros
1290. **Divã** – Martha Medeiros
1291. **Sobre a genealogia da moral: um escrito polêmico** – Nietzsche
1292. **A consciência de Zeno** – Italo Svevo
1293. **Células-tronco** – Jonathan Slack
1294. **O fim do ciúme e outros contos** – Proust
1295. **A jangada** – Júlio Verne
1296. **A ilha do dr. Moreau** – H.G. Wells
1297. **Ninho de fidalgos** – Ivan Turguêniev
1298. **Jane Eyre** – Charlotte Brontë
1299. **Sobre gatos** – Bukowski
1300. **Sobre o amor** – Bukowski
1301. **Escrever para não enlouquecer** – Bukowski
1302. **222 receitas** – J. A. Pinheiro Machado
1303. **Reinações de Narizinho** – Monteiro Lobato
1304. **O Saci** – Monteiro Lobato
1305. **Memórias da Emília** – Monteiro Lobato
1306. **O Picapau Amarelo** – Monteiro Lobato
1307. **A reforma da Natureza** – Monteiro Lobato
1308. **Fábulas** *seguido de* **Histórias diversas** – Monteiro Lobato
1309. **Aventuras de Hans Staden** – Monteiro Lobato
1310. **Peter Pan** – Monteiro Lobato
1311. **Dom Quixote das crianças** – Monteiro Lobato
1312. **O Minotauro** – Monteiro Lobato
1313. **Um quarto só seu** – Virginia Woolf
1314. **Sonetos** – Shakespeare
1315. (35). **Thoreau** – Marie Berthoumieu e Laura El Makki
1316. **Teoria da arte** – Cynthia Freeland
1317. **A arte da prudência** – Baltasar Gracián
1318. **O louco** *seguido de* **Areia e espuma** – Khalil Gibran
1319. **O profeta** *seguido de* **O jardim do profeta** – Khalil Gibran
1320. **Jesus, o Filho do Homem** – Khalil Gibran
1321. **A luta** – Norman Mailer
1322. **Sobre o sofrimento do mundo e outros ensaios** – Schopenhauer
1323. **Epidemiologia** – Rodolfo Sacacci
1324. **Japão moderno** – Christopher Goto-Jones
1325. **A arte da meditação** – Matthieu Ricard
1326. **O adversário secreto** – Agatha Christie
1327. **Pollyanna** – Eleanor H. Porter
1328. **Espelhos** – Eduardo Galeano
1329. **A Vênus das peles** – Sacher-Masoch
1330. **O 18 de brumário de Luís Bonaparte** – Karl Marx
1331. **Um jogo para os vivos** – Patricia Highsmith
1332. **A tristeza pode esperar** – J.J. Camargo
1333. **Vinte poemas de amor e uma canção desesperada** – Pablo Neruda
1334. **Judaísmo** – Norman Solomon
1335. **Esquizofrenia** – Christopher Frith & Eve Johnstone
1336. **Seis personagens em busca de um autor** – Luigi Pirandello
1337. **A Fazenda dos Animais** – George Orwell
1338. **1984** – George Orwell
1339. **Ubu Rei** – Alfred Jarry
1340. **Sobre bêbados e bebidas** – Bukowski
1341. **Tempestade para os vivos e para os mortos** – Bukowski
1342. **Complicado** – Natsume Ono
1343. **Sobre o livre-arbítrio** – Schopenhauer
1344. **Uma breve história da literatura** – John Sutherland
1345. **Você fica tão sozinho às vezes que até faz sentido** – Bukowski
1346. **Um apartamento em Paris** – Guillaume Musso
1347. **Receitas fáceis e saborosas** – José Antonio Pinheiro Machado
1348. **Por que engordamos** – Gary Taubes
1349. **A fabulosa história do hospital** – Jean-Noël Fabiani
1350. **Voo noturno** *seguido de* **Terra dos homens** – Antoine de Saint-Exupéry
1351. **Doutor Sax** – Jack Kerouac
1352. **O livro do Tao e da virtude** – Lao-Tsé
1353. **Pista negra** – Antonio Manzini
1354. **A chave de vidro** – Dashiell Hammett
1355. **Martin Eden** – Jack London
1356. **Já te disse adeus, e agora, como te esqueço?** – Walter Riso
1357. **A viagem do descobrimento** – Eduardo Bueno
1358. **Náufragos, traficantes e degredados** – Eduardo Bueno
1359. **Retrato do Brasil** – Paulo Prado
1360. **Maravilhosamente imperfeito, escandalosamente feliz** – Walter Riso
1361. **É...** – Millôr Fernandes
1362. **Duas tábuas e uma paixão** – Millôr Fernandes
1363. **Selma e Sinatra** – Martha Medeiros
1364. **Tudo que eu queria te dizer** – Martha Medeiros
1365. **Várias histórias** – Machado de Assis
1366. **A sabedoria do Padre Brown** – G. K. Chesterton
1367. **Capitães do Brasil** – Eduardo Bueno
1368. **O falcão maltês** – Dashiell Hammett
1369. **A arte de estar com a razão** – Arthur Schopenhauer
1370. **A visão dos vencidos** – Miguel León-Portilla

lepmeditores
www.lpm.com.br
o site que conta tudo

IMPRESSÃO:

PALLOTTI
GRÁFICA

Santa Maria - RS | Fone: (55) 3220.4500
www.graficapallotti.com.br